国家出版基金项目
NATIONAL PUBLICATION FOUNDATION

中国人的美德

ZHONGGUORENDEMEIDE

焦国成 ◎ 主编
辛丽丽 ◎ 编著

经历数千年传承、融汇时代精神的美德，是中国人思想道德的灵魂，是构筑中国人时代精神的血脉，更是中华民族伟大复兴的根基。

孝

天津出版传媒集团
天津人民出版社

图书在版编目(CIP)数据

孝 / 辛丽丽编著. —— 天津：天津人民出版社，
2013.7(2013.9 重印)
（中国人的美德 / 焦国成主编）
ISBN 978-7-201-08290-5

Ⅰ.①孝… Ⅱ.①辛… Ⅲ.①品德教育–中国–青年
读物②品德教育–中国–少年读物 Ⅳ.①D432.62

中国版本图书馆 CIP 数据核字(2013)第 171476 号

天津人民出版社出版
出版人：黄　沛
（天津市西康路 35 号　邮政编码：300051）
邮购部电话：（022）23332469
网址：http://www.tjrmcbs.com
电子信箱：tjrmcbs@126.com
三河市同力印刷装订厂印刷

2013 年 7 月第 1 版　2013 年 9 月第 2 次印刷
787×1092 毫米　16 开本　10 印张　1 插页
字数：100 千字
定　价：29.80 元

「前言」

"美德"是什么？在有些人看来，就是埋头傻干而不计报酬多少，与人交往而甘愿事事吃亏，不考虑个人得失而时时奉献，因此，"美德"不过是忽悠傻瓜的着数，"高尚"无非是中着儿的蠢人才会去追求的做人境界。在这些"智者"的眼里，只有名利权位、声色犬马才是值得去追求的，而"美德"则不值一文。这种想法，让我们想到了丛林中的狐狸和狼。那些"智者"的智慧，也不过是丛林之中狐狸和狼的智慧。对狐狸和狼来说，甚至对只图利益的"小人"来说，美德确实什么都不是。但是，我们到底是要把市场经济下的社会建设成一个美好的人类世界，还是要把它变成一个绿色丛林？丛林之中，没有谁永远都是强者，即使老虎、狮子也不例外。当那些信奉丛林规则的"智者"成为"更智者"爪下的一块肉时，他的智慧又在哪里？

孟子说："得道者多助，失道者寡助。寡助之至，亲戚畔之；多助之至，天下顺之。"(《孟子·公孙丑下》)利己主义者的智慧是一种小

1

中 国 人 的 美 德

聪明,虽然可以暂时得利,但这种利总是有"害"相跟随。因为占了别人的便宜,固然可以一时得意,但当被千夫所指的时候,他的得意也就不在了。前乐而后苦、开始得意而日后途穷的智慧,无论如何也不能说是一种高妙的智慧。真正的赢家应该是淡泊名利、以德服人的人。

在有美德的人看来,有损美德的利益不是一种利,反而是一种害。正如孔子所说:"不义而富且贵,于我如浮云。"(《论语·述而》)避开了不符合道义的利益,同时也就避开了它可能导致的害。俗语也说:"为人不做亏心事,半夜敲门心不惊。"爱好美德的人,善于约束自己,上不愧于天,下不怍于人,心里坦坦荡荡,安宁舒畅。能使自己愉悦幸福一生的,莫过于美德。代代相传的"富润屋,德润身"箴言,是以往高贤大德的切身体验,决非忽悠人的虚言。

有美德的人讲仁讲义,乐于助人,乐于成人之美,这有助于消融人与人之间的冷漠和对立,增进人与人之间的和谐与合作。团结就是力量。合作强于孤军作战。人之所以能够胜过万物,就在于人与人之间能够合作起来。

美德是立于不败之地的精神力量。有美德的人,是在爱人中爱己,在利人中利己,在使众人快乐中获得自己的快乐。因为他行事

以德，故服人不靠威势武力；因为他爱人利人，故能把自己与大众连为一体。因此，孟子才说"仁者无敌"。

美德是可以惠及整个社会和子孙万代的精神财富。孔子曾经提出过"惠而不费"的君子智慧。在他看来，"因民所利而利之"的德政是惠而不费的。如果我们能把孔子的思想发挥一下，使美德真正成为每一个人的操守，社会将变得更加美好。做父母的有慈的美德，天下的儿童就都幸福了；做子女的有孝的美德，天下的老人就都幸福了。同样，每个社会位置上的人都有美德，天下就会是一个大道流行、人人幸福的世界。这就是真正的"惠而不费"。

新中国成立已有六十余年，改革开放已经三十余年，我国的社会主义建设取得了令世界瞩目和赞叹的成就，中国人民过上了小康的幸福生活。然而，中国社会的道德风气却很不如人意：急功近利的追求、冷漠的处世态度、庸俗的休闲生活，已经成为许多人的生活写照。腐败现象屡禁不止，法纪的权威性受到挑战，潜规则大行其道，假冒伪劣层出不穷，这已经是伴随市场经济的发展而出现的司空见惯的社会现象。道德的沙漠化现象开始初露端倪。因此，道德文明的建设已经显得比任何时候都更加迫切。

历经数千年传承、融汇时代精神的美德，是中国人思想道德

的灵魂，是构筑中国人时代精神的血脉，更是中华民族伟大复兴的根基。

为了弘扬美德，我们组编了《中国人的美德》丛书。丛书针对市场上缺少入情、入理、入心的道德教育读物，专门为广大未成年人精心打造。要改善社会的道德风气、提高社会的道德水平，首先须有好的读物。本丛书力求适应这一社会需要。丛书力求将中华民族的传统美德、优秀革命道德和时代精神完美融合，将传统精神和时代精神、文化继承和文化创新有机结合起来，力求凸显社会主义道德的中国特色和民族道德传统的历史延续性。在保证其通俗性、可读性的同时，力求有一定的创新性。如果此套丛书能够激发起广大未成年人对中国人的美德的兴趣和向往，我们将感到无上的荣幸和欣慰！

焦国成

2013 年 6 月于北京

Mulu /目录/

第一辑 解析篇

孝的字形字义及孝道的历史演变 ……………… 3

孝的规范 ……………………………………… 8

当代人如何行孝 ……………………………… 14

第二辑 菁华篇

背诵部分 ……………………………………… 23

熟读部分 ……………………………………… 35

第三辑 范例篇

涌泉跃鲤 ……………………………………… 59

闵损芦衣顺母 ………………………………… 63

哭竹生笋 ……………………………………… 66

卖肉敬父冯玉祥 ……………………………… 69

鲁迅孝母 ……………………………………… 72

孝心包子 ……………………………………… 75

父母是天,孝道为大 ………………………… 78

坚守孝与爱,她是最美女孩 ………………… 81

母亲心中最美的音乐 ……………………………………… 85

幸福就是守望相助 ……………………………………… 88

不是亲生胜似亲生 ……………………………………… 92

至孝灯王的故事 ……………………………………… 95

岁月无减,人间大美 ……………………………………… 98

孝行半世纪,感动亿万人 ……………………………… 103

歌声里的亲情 ……………………………………… 106

忠诚"锁"心间,群众利益高于天 ……………………… 110

孤老大孝子,人民好儿子 ……………………………… 114

以敬老之心,谱人间大爱 ……………………………… 118

孝亲因为有大爱 ……………………………………… 122

以让母亲幸福为己任 ………………………………… 127

最美的迎春花 ……………………………………… 132

12 岁少女——姚万琴感动中国 ……………………… 135

十余年"乐疗"91 岁老母 ……………………………… 138

田世国——深深"反哺"情 …………………………… 143

薛花龄——打理文明之家 …………………………… 149

第一辑

解析篇

JIEXIPIAN

孝

　　在传统社会，孝不仅是指家庭中子女对于父母应尽的义务，同时，还由家庭拓展至对天地祖先的义务，对社会生活中人与人之间的义务。"孝悌，其为仁之本矣"，孝是成就个人德性的起始点，一个人的德性，始于孝，终于天地国家苍生。对于个人来说，孝是最重要也是最根本的德性，贯穿于人的所有行为中；对于国家的教化来说，孝则是教化的根本，通过孝的教化，社会的风尚能够醇厚温文，不需要通过严刑峻法就能够治理国家。这种将孝作为一切道德的根本和中心的思想和实践，是与中国传统社会"以家为本位"的社会结构相适合的。

孝的字形字义及孝道的历史演变

殷商之前神本主义的孝 (甲骨文的孝字及其含义)

　　最早的"孝"字见于甲骨文。在安阳小屯出土的甲骨文中就有"孝"字。这些甲骨文大约是商代晚期至商代灭亡期间殷商王室占卜的记录。据学者们考证，甲骨文中的"孝"字与我们今天一般理解的孝顺在世父母的意思不一样，是指对已故的祖先鬼神乃至上天的追念祭祀，也就是"追孝"。追孝并不是殷商人专有的观念，而是

一种自远古流传下来的事神的传统，夏代就把孝敬鬼神放在极端重要的位置。因为在夏代商代，人们认为祖先死后并不是就不存在了，而是上升到天上，居于天帝的左右，时时关注着后人，根据后人的行为，或者降以惩罚，或者奖以福佑。因此，对先人的孝被夏代和商代的人放到第一位，而对在世父母的孝要让位于对先祖鬼神和天帝的孝。在夏商时代，人们还没有将祖先神与天神区分开来，这种重视对先人祭祀的孝，体现的是殷商之前人们期盼通过对先人的祭祀而得到福佑和庇护的宗教信仰的特点。

周以来人本主义的孝（金文的孝字及其含义）

西周时期，孝道的主要内涵仍为尊祖敬宗，行孝的方式主要仍是祭祀。不过，商代的敬天、尚鬼、尊神，更多的是宗教性的行为，而周代则将作为至上神的天帝与祖先神区分开来，敬祖尊宗有了更多的人文主义色彩。在西周，德孝并称，德以对天，是对天恪尽孝道，崇敬作为主宰的至上神；孝以对祖，周人将后稷和文王视为祖先神。但是经历了周初建国的艰辛和商代覆亡的前车之鉴，周人认识到天命无常，要想得到天帝的眷顾需要以德配天，敬天行孝，并且要尽人事，对祖先行孝。周人的敬祖尊宗包含着丰富的伦理意涵，并且对之后中国人的孝道思想和实践产生了深远的影响。

在保留了尊祖敬宗思想的基础之上，周人越来越注重对在世父母的尊敬和瞻仰，这是孝道思想与实践的进步。因为随着人们对鬼神信仰的淡泊，导致了对祖先神敬畏的减轻。虽然人们并不否认鬼神的存在，也没有坚决地批判鬼神信仰，但与希望通过祭祀鬼神而

得到福佑的观念不同，人们越来越相信要通过自身的努力获得成功，而孝也就由以祭祀先人转而注重对在世父母的尊敬和赡养。

这种转变在文字的演变中也体现出来。在金文和小篆中，"孝"的字形发生了改变，含义也与夏商时代不同。在中国最古老的词典《尔雅》中，"孝"字的定义是"善父母为孝"。在东汉许慎的《说文》中，对孝的解释是"孝，善事父母者。从老省，从子，承老也"。结合《尔雅》和《说文》，我们了解到，"孝"是个会意字，上半是老字的省写，下半是子，意思是子能承扶、负担年老的父母。因此，"孝"字的本意特指子女如何对待年老父母，而并非泛指如何对待一切年龄段的父母。对于年幼的子女来说，父母是他们的保护者，更多的是受到父母的呵护养育，这时谈不上对父母有什么实质性的孝。只有当子女长大成人，而父母却渐渐衰老，生活上、精神上需要有人照顾时，子女的孝才凸显出来。

在中国两千多年的封建社会中，孝道作为"至德要道"涵盖了一个人从家庭到社会各个领域的道德行为。孝不仅是指要对父母赡养和亲爱恭敬，而且是个人立身行道的根据，子辈还要成就自我的德性德行，济世为民从而显扬亲名，光宗耀祖。

近代以来对封建孝道的批判及其现代转化

孝道本来是我们中华民族的美德之一，但在封建社会中，由于受到封建社会等级专制制度的限制而畸形发展，成为子辈对父辈的片面顺从，子辈为行孝往往会牺牲身体健康，牺牲妻子和子女，甚至牺牲自己、妻子和子女的生命来行孝。孝道的极端化、片面化、造成了孝道实践中一系列愚昧的"孝行"。例如二十四孝中就有王祥卧冰求鲤，郭巨埋儿，老莱子彩衣娱亲等愚昧的孝行。因为相信人肉可以治病，就有人割股疗亲，还有人挖乳、剖腹、探肝以疗亲。明初山东就有一个孝子割肉为母亲疗疾，不愈，又许愿杀他三岁的儿子。结果，母病虽愈，无辜的孩子却被杀了。孝道的愚昧化，极大地压抑和剥夺了子辈的个性自由和独立人格，也使真挚深厚的孝亲之情被利用为扼杀年轻人鲜活的生命的利器。

愚孝的推扩就是愚忠，从而使孝成为统治阶级的工具。而统治阶级对孝道的提倡和表彰，又使孝行成为谋取名利的工具，从而使孝道变得虚伪。

总之，由于受到封建社会制度的限制，孝道在封建社会中受到极大的扭曲，被片面地规定为"父为子纲"。由于深受封建孝道思想的压抑和残害，近代以来，尤其五四时期，更多的是对孝道采取了激烈的批判和否定，对孝道中的愚昧、残酷、虚伪和保守性进行了清算，提倡父母子女之间平等自由的新关系。

孝

勤孝节礼信义正智谦友俭耻仁和忠勇

孝的规范

对于现代的中国人来说，孝道早已不再是封建等级制的统治工具，而回归为以血缘亲情为基础的平等自由的亲子关系，因此清除了封建专制成分之后，传统孝道中合乎人性之本然的思想依然具有合理性，可以成为我们建构现代孝道的文化资源。现代人如何行孝呢？孝道的基本规范大致可以归结为三个方面：①追孝，主要体现在尊祖敬宗的观念中，寄托的是中国人对于生命生生不息的感受。②善事父母，是孝最重要的内容。③立身行道，光宗耀祖。

追孝

中国的原始初民也同其他民族一样，有对"天"、"帝"、"神"等的信仰和崇拜，但除此之外，还有对祖先的崇拜。他们认为祖先死后会成为神灵，上升到天上，和神在一起。由于祖先对子孙的牵挂，他们还会继续关注尘世中子孙的生活，根据子孙的表现决定是降福还是降祸。因此，对天帝鬼神和祖先的祭祀一直是中国人生活中很重要的内容。那么中国人对天地鬼神和祖先的崇拜其中包含着怎样的精神追求呢？在对天地鬼神以及列祖列宗的追念祭祀中，实是包含着中国人对天地祖先与自我生命的一体性的意识，是自觉地将自己的生命融入到天地祖先的大生命中，将自己此生的一切所作所为对久远以来的先祖负责，向自己的子子孙孙负责，使这大生命绵延不绝，这就是孝。中国没有严格意义上的宗教，但在对天

8

地祖先的追孝中却体现出我们民族独特的超越精神，通过追孝使个人能够从现实的个体自我超拔而提升至天地民族的大生命。追孝信仰是中国人独特的生命意识，体现的是一种浑厚深沉的生命体验和责任意识，至今影响深远，深深地扎根在中国的土壤里。今天我们不再有超自然的鬼神信仰了，但对祖先的追孝，对我们的生命存在依然有其不可取代的意义，对我们今天的精神建构具有不可取代的价值。

具体地说，追孝具有以下含义：

1.反古复始，不忘其所由生

祭祀天地和祖先是要使子孙时时怀想祖先创业之艰难，感恩上天对万物之庇佑。另外，古人认为，祭祀之礼是"教之本"，是对子孙进行教育的根本方法，正是通过按时祭祀使子孙后代能够不忘先祖创业的艰难和上天的恩庇，从而使子孙克尽对天帝和祖先的孝道。

2.慎终追远，民德归厚

慎终就是要重视亲祖的丧葬和祭祀，死，葬之以礼，祭之以礼。追远则是祭祀祖先，使子孙对先祖常怀追念。通过合乎礼仪的安葬和祭祀亲祖，以及祭祀先祖，就能够使百姓的德行淳厚。

3.善继人之志，善述人之事

能够继承先祖的遗志，完成先人未完的事业，就是追孝。这种追孝思想体现的是中国人特有的历史使命感，这种历史使命感使中国人能够超越个体小我而通达种族国家的大我，将个人有限的生命存在融入源远流长的生命传递中，在其中获得生命存在的价值感和永恒感，因此继志述事不仅是孝，而且是"达孝"，是孝的最高实现。由此可知，尊祖的追孝信仰并不仅仅是对超自然的鬼神力量的崇拜，更多的是将自我的小生命融入到天地民族家族的大生命中去的精神追求。

对父母的尊重，并非无条件地听从父母，在孔子所说的孝就是"无违"中就包含有顺的意思，但孔子是将无违解释为按照礼的方式对父母尽孝道。顺从父母是要爱他们之所爱，亲他们之所亲，支持他们的兴趣，令他们精神愉快。虽然在封建社会中孝顺被片面地理解为对父母的绝对服从，甚至成为父权对子辈的压迫，但抛开这些历史局限性，顺亲其实是很合理的思想。俗话说老换小，意思是，老人年事已高，身体往往都有疾痛，控制情绪的能力差，做子女的要体谅老人，不要争辩，更不要怨恨老人，顺受就是孝。老人也可能会有一些奇怪的嗜好，生活中会有些看上去不合理的习惯，这些日常生活上的小事，做子女的要细心体贴，不妨顺适父母，尽力满足父母，这样才能使父母精神愉快。

甚至孝顺父母有时还要接受父母对自己的嫌恶。《弟子规》中说："亲爱我，孝何难；亲憎我，孝方贤。"一般来说，天下的父母哪有不爱自己孩子的，但遇到父母不喜欢自己时，子女要多想父母对自己的养育之恩，不要心存怨恨，而是要承顺，时间长了，父母自然能够觉察到子女的孝心而改变态度，如果不能使父母改变态度的话，子女除了更加孝敬之外，也只能顺承了。

4.谏亲

人非圣贤，孰能无过。父母也有犯错的时候，有时候父母犯的错误可能会很大，甚至关系到大是大非，这时候做子女的有义务对父母劝谏，以免父母陷于不义。为什么劝说父母改过要用"劝谏"的"谏"呢？谏，《现代汉语词典》中将其解释为：用言语规劝君主或尊长改正错误。既然是对君主或尊长的劝说，那么态度一定要尊敬，语言也要委婉。所以对父母的错误进行劝告，也要注意方式方法，要用委婉柔软的话语，选择适当的时机进行劝谏，如果父母一时不能够接受，那就等到时机合适时再劝。这种态度其实体现的是对父母的孝敬之心。假如多次劝谏父母还是不能接受，作为子女依然要尽力坚持，哪怕父母打你骂你，都要始终不离不弃。《弟子规》中说："亲有过，谏使更；怡吾色，柔吾声。谏不从，悦复谏；号泣随，挞无怨。"中国有句老话，"天下无不是的父母"，其实哪里有不犯错的人呢，父母也是人，也会有错误，之所以说天下无不是的父母，意思是说，虽然父母有错误，子女可以对父母提出批评，但一定要尊重父母，仍然要敬之爱之，不能因为父母犯了过错就轻视父母，仍然要像父母没有错误那样敬爱他们。

5.立身扬名、光宗耀祖

孝始于对父母祖辈的敬爱赡养的孝心孝行，进而推及人的整个生命存在的立身行道，正是在这个意义上，孝被视为"德之本"。立身行道首先要求子女要爱护自己的身体，进而要注重自身的德性修养，注重自身的所作所为，不仅不能因为恶行而使父母蒙羞，而且要用自己高尚的德性和德行奉献社会，博施济众，从而扬名显亲，光宗耀祖。

(1)爱护自己的身体

中国古人认为，自己的身体是父母身体的延续，对待父母的身体怎么可以不爱惜呢？《孝经》中说："身体发肤，受之父母，不敢毁伤，孝之始也。"孝亲要从爱惜自己的身体开始，而临终能够将父母赋予的身体保护完整，就是孝。自杀无疑是对自己生命的最大伤害，也是最为不孝的行为。因为父母养育子女满怀慈爱，历尽艰辛，虽说是为了养儿防老，其实父母更多的是希望看着孩子们健健康康地成长和生活，子女遭到危险和不幸，父母一定会忧心如焚，痛苦万分。老来丧子，白发人送黑发人，对于老人来说是人生最大的痛苦和不幸。如果能够体会到父母的这份慈爱之心，能够顾虑到自己有什么危险和不幸会令父母晚年凄凉孤苦，做子女的就理应好好爱惜自己的身体，健健康康，积极乐观地生活。

(2)无遗亲辱

一个人行孝，不仅是指在家庭生活中对父母要尽孝，当走出家庭参与社会活动时，依然要考虑到自己的言行对父母的影响。为人子女要遵纪守法，谨言慎行，不要使父母因为子女错误的言行而蒙受羞耻。中国人认为"子不教，父之过"，自己的不良言行会使父母蒙羞，因为他的行为会被认为是"没有家教"。年轻人血气方刚，容易冲动，所以要克制自己，不要与人争斗，为了逞一时之勇，泄一时之愤，而致使伤害自己的身体甚至失去生命。这样不仅伤害自己的生命，而且触犯国家法律受到制裁，从而使父母伤心和蒙羞，这些都是没有对父母尽到孝道。

(3)显亲耀祖

做到珍爱身体，无遗亲忧、谨言慎行。无遗亲辱还不够，要能够自强不息，厚德载物，要成就自己的才能和德性，造福社会大众，从而使父母祖辈得到更多人的尊重,使祖先得到光耀,这才是大孝,也被称为达孝。天下兴亡匹夫有责,可以说是中国人精神世界中非常重要的一个维度,而这一很强的社会和历史责任感,与孝道有着密切的关系。因为孝亲不仅是对父母祖辈身体的赡养,更重要的是要使父母祖辈的精神愉快,而能够立身行道,兼济天下,对于父母来说就是最大的精神安慰。因此,孝道也从家庭推及整个民族和国家。

6.敬老尊长

"老吾老以及人之老",这是中国人对待父母之外的其他老人的一贯态度。而这一思想也是从孝道中引申而来的。古人认为,对比自己年长 20 岁的人就要像对待父亲那样对待他;对比自己年长 10 岁的人要像对待兄长那样对待他。尊重其他老人,自己的父母也会被他人尊重,所以为人子女,为了使自己的父母得到尊重也要尊重他人的父母,因此孝子不会不敬老。

敬老应该是我们先人对生命存在的智慧解读。人不同于动物,人类社会和文明是通过一代人一代人努力而创造的,也是通过一代人一代人而得到传承,因此每一代人都应对前辈表示尊重和感恩。礼遇和赡养所有的老人,既是对他们的尊重,也是对每一个生命的尊重和爱护,是博爱的人道主义精神的体现。因而在当今的孝道建设中,依然要继承传统的敬老思想。

当代人为什么要行孝

由于两千多年来，孝一直都作为封建社会中的"至德要道"而得到统治阶级不遗余力的提倡，一方面使孝的观念和行为深入到社会生活的各个方面，深刻地影响和塑造了中国人的精神世界和生活实践。同时，由于具体时空的局限，孝在封建社会被用来强化等级宗法的封建制度，从而被扭曲和片面地解释为"父为子纲"，成为严重戕害人的枷锁，因而近代以来，尤其是五四时期受到了激烈的批判甚至否定，新中国成立后也一度受到冷落。随着对传统文化激烈的批判逐渐趋于平静，对传统文化的反思不断加深，孝中那些合理性的特质逐渐凸显而出。例如与西方不同，中国人是通过孝道的精神和实践令老年人获得生活的保障和精神的愉悦，并且通过推扩孝亲之情而令个人的生命存在获得深厚的根基，为个人的德性建立汨汨不绝的源头活水，从而在现代人与宇宙万物之间建立起更为深邃牢固的联结。

首先要指出的是，孝是出于人类的天然情感，对父母养育之情的感恩本是人类最自然的感情。由这种感恩之情落实到对老年父母的赡养关爱，不仅符合人的自然情感，而且也使衰病的老人得到帮助，这恰恰是祖先高超智慧的体现，超越动物界而使天下的老年人幸福的精神保障。

孝是德之本，这也是中国孝思想的特质。如果说人不分中外，地不分东西，都具有那种亲亲之情，但将孝视为德之本，却是中国人所特有的思想传统。与西方人重理性不同，中国人重情感，道德的根据不是理性而是情感。源自古希腊的西方理性主义传统是通过理性为道德确立根据，而中国则是以情感为道德之根源，孔子提出的仁的思想就成为孝的理论基础。仁在孔子看来就是仁民爱物、博施济众的博大情怀，而孝则是仁的入手处。要想实现仁，首先要从孝开始，"仁者，人也，亲亲为大"，一个人只有先爱其亲，才能推及爱人，仁爱要从父母亲人开始，才能够逐步推扩到所有人。

一般人总是以为个人的自我实现与他人的实现无关，个人与他人、与社会、与万物是分离的，其实真实的自我是宇宙万物、天地人神的统一，而要实现仁的本性，入手处就是亲亲。亲亲就是对人本有的内在仁性的推扩。对于现代人来说，个人的生命存在依然离不开成就个人与奉献社会这两个维度，因为这是生命存在必然具有的一体两面。因此，择取传统孝道的合理内核依然是现代人安顿人生的宝贵精神食粮。

从心理学的角度说，孝也对人的生命存在至关重要。孝是对自己所来之处的认同和尊重，是一种深度的自我认同，通过这种自我认同，将自己的生命与祖先父母的生命融为一体，将个人的荣辱与祖先父母的荣辱融为一体，使一个人获得强大的精神力量。相反，如果一个人对自己的家族以及父母没有认同感，甚至否定，等于是将自己的生命存在孤立起来，失去了根本，就像失去了脚下的大地，又怎么会有强大的生命力。另外，一个人如果否定自己与祖先父母的联系，在心理上就会存在冲突，一方面他并不能从事实上忘记和否定自己的出身,另一方面他又不能认同自己的出身,这种冲突就会造成心理上的紧张和焦虑,这种紧张和焦虑就是侵蚀身心的病菌,生命之堤会被蚕食。

因此,坚守孝道依然是现代人生命的根基所在。

现代社会的流动性与行孝

传统的孝道提倡"父母在,不远游,游必有方",这无非是为了子女能够对父母更好地尽孝道。因为随着年龄的增长,老年人生活上会越来越需要子女的照顾,精神上也会越来越依恋子女,希望儿女绕膝,共享天伦之乐。所以子女随侍在身边,自然能够令老人更加欣慰,晚年生活更加安稳。这种观念于情于理都无可厚非,但传统社会相比,现代社会的社会结构发生了根本的转变,使这种观念很难落实了。传统社会以农耕为主,社会的流动性差,主要是子承父业,绝大多数人从事农耕,所以很容易做到不远游。市场经济则不同,人的流动性很强,无论是职业还是居住地,都很难固定,子女往往会离开父母寻找发展机会,因此很难做到"父母在,不远游"。如果说为了父母而放弃自我发展的机会, 这不仅对子女来说是一个很大的个人牺牲,即便对父母来说也不是他们所希望的。因为父母更希望子女能够实现自己的理想,获得幸福生活,也并不希望为了自己而牺牲子女的发展。但"游必有方"还是能够做到的,也是应该做到的。"游必有方"是说子女出门在外,要及时向父母通告自己的所在地,以免父母担心,并且不要随意转化自己的职业和居住地,这其中其实有很深的涵义。因为虽然现代社会给人提供了很多选择机会，但选择只是个手段和过程，终归要稳定下来，这样才能使身心免于纷扰，踏踏实实地工作和生活，不会因一时的不顺心就轻易选择放弃。这对现在的年轻人来说实在是应该记取的。

世界上的事情看上去很复杂，其实只要我们肯用心，都可以找到解决的办法。即使不能与父母共同生活，也可以通过很多方式尽到对父母的孝。我们可以通过电话、电脑以及各种现代沟通工具，很便捷地和父母保持联系。无论工作和生活有多忙碌，每周都要和父母通次电话，问候他们生活起居是否安好，并向他们及时汇报自己的生活、工作。因为儿行千里母担忧，父母更关心子女在异地他乡是否能够生活幸福工作顺利，让父母分享自己的苦乐、奋斗与成功，这能够让父母获得很大的安慰。节假日尽量带上爱人孩子去看望父母，给父母做些新鲜的饭菜，陪他们聊聊陈年旧事，如果条件允许，也可以将老人接到自己身边，虽然一般老人更习惯住在自己家中，但偶尔与子女同住也是很愉快的事。陪老人去旅游，帮助他们完成年轻时的梦想，关注他们的精神健康，尊重他们的特殊爱好，鼓励他们积极参加各种有利于身心的活动。总之，只

要我们心中有父母，就一定会有很多办法可以做到即使不在身边也能够让父母老有所养，精神愉快。

现代人的平等、独立、自由与行孝

现代社会，子女与父母的关系与传统社会不同，现代社会更强调彼此的平等、独立和自由。这种观念在父母与子女对事情的观点一致时，自然相安无事，但一旦在对一些事情的看法上父母与子女的观点不一致，尤其在父母态度比较强硬的时候，子女就会认为父母是在干涉自己的自由和独立，是在压制自己，因此对父母采取抗拒的态度。其实强调父母与子女之间的平等、自由、独立与尽孝并不矛盾，关键是要智慧地化解矛盾。首先，与父母的矛盾应该是人民内部矛盾，完全可以化解，所以不必过分紧张，要相信父母虽然和自己的观点不同，还是爱自己的。其次，即使父母态度强硬，"不够尊重"自己，也要体谅他们，不要"以牙还牙"。这不仅是我们中国人的孝道传统，其实也有利于化解矛盾，因为对抗不会有利于问题的解决，所以要保持冷静。再次，在作重大决定之前，我们要广泛地听取各种意见，然后作出自己的决定。父母的意见自然是一定要听的，不要因为是"父母的意见"就拒绝接受，而是要客观地看待父母的反对意见。因为年轻人毕竟人生阅历浅，虽然有热情，有勇气，但往往不够周全，而父母则有很丰富的人生积累，他们对问题的理解完全可以帮助我们作出更适当的选择。

最后，即使通过深思熟虑，我们仍然认为自己的看法是正确的，也不要以强硬的态度对待父母的反对，而是要通过适当的方式取得父母的谅解，相信父母一定会在我们有理有据的解释中接受我们的决定。

在父母有错的情况之下如何行孝

人非圣贤，孰能无过。父母也是人，也一定会有这样那样的过失，做子女的应以敬爱父母之心对待父母的过失。即使父母有过失，也要以恭敬的态度、柔软的言语、选择适当的时机来劝谏父母。如果父母不能接受，就要等待机会再进行劝谏，而不应采取强硬的态度指责父母。对待父母因性格上的偏执所犯的过失，例如有的老人会很自私、吝啬、贪小便宜，做子女的要体贴和包容，尽力满足和弥补，而不必希图老人改变他们的性格。随着年龄的增长，老人的身心都更为衰老，更容易产生不安全感和焦虑感，所以子女应该做的就是尽力让老人的生活无忧无虑，从而缓解他们的焦虑，尤其对一些垂暮之年的老人，则更要以顺为孝。

对患病与去世的父母如何行孝

人生三年免于父母之怀，父母养育子女要经过怎样的艰辛或许只有自己也为人父母时才能体会到，所以尽心尽力地侍奉衰病中的父母是子女报答父母养育之恩的最好体现。俗话说，久病床前无孝子，说的就是，能够对久病的父母恪尽孝道并不是很容易的事，但正是因为不易做到，才需要子女勉力而为。父母疾病在身，要注意按照科学的方式护理老人，尽量让老人减少病痛，更精心地照顾老人的饮食，要用自己乐观的态度鼓励老人战胜疾病。如果老人希望能够安稳地在家中辞世，做子女的应该尊重老人的意愿。

古人云："生，事之以礼；死，葬之以礼，祭之以礼。"对过世的父母按照礼仪来安葬和祭祀，也是为人子女者应做到的孝道。对父母的丧葬，要注重真挚的哀悼之情，过于简陋或过于奢华都是非礼。对于父母的祭祀，现代人一般注重清明祭扫和先父母的忌日，有些人还会注重传统的寒衣节，或在春节时，有些人会在家中摆设过世父母及祖先的牌位，进行祭拜。无论采取什么样的形式，都是对父母的追念和孝思，各人可以根据具体情况选择不同的方式。

对父母的遗愿，如果并非不合理的，子女要尽力实现，而对于父母所亲爱、惦记的人和物，自己也要像父母在世时一样去关照和爱护。

及时行孝，不待富贵而后孝

古人说："父母之年，不可不知，一则以喜，一则以忧。"说的就是，想到父母能够健康幸福地安享晚年，做子女的很欣慰，但想到父母一年年地老去，自己能够对父母尽孝的时日不多而心中又充满忧虑。孝亲之情溢于言表，感人至深。现代人的生活压力越来越大，人们忙忙碌碌不停地筹划自己的人生，无形中忽视了渐渐老去的父母。我们总觉得还有机会，还有时间，可以等到我们的事业稳定了，有了足够的经济实力，再来给父母行孝。然而"树欲静而风不止，子欲养而亲不待"，最好别留下难以弥补的憾恨。行孝不能等待，也无关乎富贵，所需要的无非是子女对父母的一份至真至情而已。

第二辑 菁华篇

JINGHUAPIAN

孝

《左传》尝载古人之言:"大上有立德,其次有立功,其次有立言,虽久不废,此之谓不朽。""立言"为不朽之一,而立道德之言尤为可贵。言者,心之声。道德之言,乃有德者之心声,故而尤其值得珍视。中国作为一个礼义之邦、文明古国,历代不乏高贤大德,而他们都有自己的道德体悟之语。本辑所选是古今道德箴言的菁华。这些箴言名句,是古今高贤大德人生经验的凝结,是他们纯洁、高尚心灵的流露。这些箴言名句,可以朗读,可以背诵,可以欣赏,可以怡情,可以励志,可以开慧,可以大心,可以成德。

背诵部分

子游①问孝,子曰:"今之孝者,是谓能养②。至于犬马,皆能有养,不敬,何以别乎?"

——《论语·为政》

注 释

①子游:孔子的学生。

②养:只是能够满足父母的物质生活的需要。

解 读

子游问:"怎样才算是孝呢?"孔子说:"现在的人只是把满足父母物质生活的需要作为孝了。就是犬马,也有人养。如果对父母没有敬爱之心,那与养犬马有什么分别呢?"孝虽然要尽量满足父母物质生活的需要,但更重要的是要对父母有恭敬之心。如果没有恭敬之心,就背离了孝道的根本。

孝

曾子曰:"孝有三:大尊尊亲①,其次弗辱②,其下能养③。"

——《礼记·祭义》

①尊亲:使父母得到别人的尊敬。

②弗辱:不辱没父母的名声。

③能养:能供养父母。

曾子说:"孝有三层的含义:大孝是使父母得到别人的尊敬,其次是不辱没父母的名声,再下则是能够供养父母。"孝是有层次的,这三个层次基本上涵盖了孝的所有方面,贯穿一个人在家庭、社会与国家中所应该达到的标准。

老吾老以及人之老①；幼吾幼以及人之幼②，天下可运于掌。

——《孟子·梁惠王上》

注 释

①老吾老以及人之老：第一个"老"用做动词，是赡养、孝敬的意思；第二及第三个"老"用做名词，是老人、长辈的意思。

②幼吾幼以及人之幼：第一个"幼"用做动词，是抚养、教育的意思；第二及第三个"幼"用做名词，是子女、小辈的意思。

解 读

在赡养孝敬自己的长辈时不应忘记其他与自己没有亲缘关系的老人，在抚养教育自己的小辈时不应忘记其他与自己没有血缘关系的小孩。如果能够这样做，治理天下就是很轻松的事。

事父母，几谏①。见志②不从，又敬不违③，劳而无怨④。

———《论语·里仁》

注释

①几谏：几，轻微、委婉。谏，用言语劝君主或尊长改正错误。

②志：子女的意见。

③不违：触忤，冒犯。

④劳而无怨：劳，操劳。怨，怨恨。

解读

　　父母有过失，为子女的应当用委婉的言语劝谏，态度要恭敬，声音要柔和，如果父母不能够接受，就不要一味地试图劝说，而是仍要对父母恭恭敬敬，继续为父母操劳而没有怨恨之心。

父母虽没①,将为善,思贻②父母令名③,必果;将为不善,思贻父母羞辱,必不果。

——《礼记·内则》

注　释

①没:去世。

②贻:遗留,留下。

③令名:美善的名声。

解　读

父母虽然去世了,做善事时,想到可以为父母带来美善的好名声,那就一定要做;做不好的事情时,想到可能会给父母带来羞辱,就一定不要去做。子女举手投足之间都要想到父母,提醒自己显扬亲名,勿遗亲羞。

夫孝者,善继人之志①,善述人之事②者也。

——《礼记·中庸》

①志:遗志。

②事:事业。

解读

作为孝顺的人,要能够很好地继承前人的遗志,很好地完成前人未竟的事业。子女不仅是父母肉体生命的延续,更是父母精神生命的延续。

凡为人子之礼，冬温①而夏凊②，昏定而晨省③，在丑夷不争④。

——《礼记·曲礼上》

注释

①冬温：谓冬天关心父母居处的温暖。

②夏凊：谓夏天关心父母居处的清凉。

③昏定而晨省：谓晚上为老人安置衾枕，清晨向老人问安。

④丑夷：平辈的人。丑，通"俦"。夷，犹"侪"。

解读

凡为人子，应该冬天关心父母居处的温暖，夏天关心父母居处的清凉，晚上为老人安置衾枕，清晨向老人问安，与平辈的人不起冲突。

孝，以亲为芬①，而能能②利亲。不必得③。

——《墨子·经说上》

注 释

①芬："分"的繁文，意为本分，分内事。

②能能：第一"能"字是能够之能，第二"能"字是善、善于的意思。

③得：使父母中意。

解 读

孝，就是以孝亲为自己的本分，能够善于奉养双亲。但不必一定能够完全中父母的意。这句话强调的是孝亲是子女的分内事，只要尽心尽力奉养，即使不能完全中父母的意也没有关系。

长者立,幼勿坐;长者坐,命乃坐。尊长前,声要低;低不闻,却非宜。进必趋,退必迟;问起对,视勿移①。

——《弟子规》

注 释

①视勿移:目光不要东张西望。

解 读

年长的人站着,年幼的人不能坐;年长的人坐下了,让年幼的人坐才能坐。在尊长面前,说话的声音要低,但也不能低得让人听不见,那样也不合适。到长者面前时要快步,退下时要慢;如果长者询问,就要站起来回话,目光不要东张西望。

姊妹同肝胆，弟兄同骨肉。儿不嫌母丑，狗不嫌家贫。家贫出孝子，国乱显忠臣！

——《增广贤文》①

注　释

①《增广贤文》是中国古代儿童的启蒙书，又名《昔时贤文》、《古今贤文》。书名最早见之于明代万历年间的戏曲《牡丹亭》，据此可推知此书最迟写成于万历年间。后来，经过明、清两代文人的不断增补，才改成现在这个模样，称《增广昔时贤文》，通称《增广贤文》。作者一直未见任何书载，只知道清代同治年间儒生周希陶曾进行过重订，很可能是民间创作的结晶。

解　读

姊妹如同肝胆，弟兄如同骨肉，一体而不可分。儿不嫌母丑，是因为子女敬爱母亲；狗不嫌家贫，是因为狗的忠诚。穷人的孩子早当家，是因为孝子能够体贴父母养育子女的艰难，而在国家生死存亡的关头才显示出忠臣的节操坚守。

父母之于子也，生之，育之，保之，教之，故为子者有报父母恩之义务。

——《新民说·论公德》

解 读

父母对于子女来说，既给了他们生命，又养育、保护、教育他们，所以子女要有感恩父母之心，要孝敬赡养父母。

孝

孝道多端,而其要有四:曰顺;曰爱;曰敬;曰报德。

——《蔡元培全集·中学修身教科书·子女》

解 读

孝道的条目很多,但最重要的有四条:其一是顺,就是对父母要温柔孝顺,和气婉容;其二是爱,就是爱父母,这是自然而然的亲子之情;其三是敬,就是对父母要恭敬,要有发自内心的敬重,其实质体现则是对自我生命根源的敬畏之情;其四是报德,意思是要回报父母的养育之恩德。

熟读部分

蓼蓼①者莪②，匪③莪伊④蒿；哀哀父母，生我劬劳⑤。

蓼蓼者莪，匪莪伊蔚⑥；哀哀父母，生我劳瘁。

瓶⑦之罄⑧矣，维罍⑨之耻。鲜⑩民⑪之生，不如死之久矣！无父何怙⑫？无母何恃？出则衔恤⑬，入则靡至。

父兮生我，母兮鞠⑭我。拊⑮我畜⑯我，长我育我，顾⑰我复⑱我，出入腹⑲我。欲报之德。昊天⑳罔㉑极㉒！

南山烈烈㉓，飘风㉔发发㉕。民莫不谷㉖，我独何害？

南山律律㉗，飘风弗弗㉘。民莫不谷，我独不卒㉙！

——《诗经·小雅·蓼莪》

注释

①蓼(lù)蓼：长大的样子。

②莪(é)：蒿草的一种，即莪蒿。

③匪：同"非"。

④伊：是。

⑤劬(qú)劳：劳累。

⑥蔚(wèi)：牡蒿。

⑦瓶：汲水器具。

⑧罄(qìng)：尽。

⑨罍(léi)：盛水器具。

⑩鲜(xiǎn)：指寡、孤。

⑪民：人。

⑫怙(hù)：依靠。

⑬衔恤：含忧。

⑭鞠：养育。

⑮拊：通"抚"。

⑯畜：通"慉"，喜爱。

⑰顾：顾念。

⑱复：返回，指不忍离去。

⑲腹：指怀抱。

⑳昊(hào)天：广大的天。

㉑罔：无。

㉒极：准则。

㉓烈烈：通"颲颲"，山风大的样子。

㉔飘风：同"飙风"。

㉕发发：音"拨拨"，风声。

㉖谷：善。

㉗律律：同"烈烈"。

㉘弗弗：同"发发"。

㉙卒：终，指养老送终。

解 读

那是高大茂盛的莪蒿吗？原来不是莪蒿，是牡蒿。我可怜的父母啊，为了养育我受尽了辛劳！

那高大茂盛的是莪蒿吗？原来不是莪蒿，是牡蒿。我可怜的父母啊，为了养育我竟积劳成疾！

瓶子的酒倒空了，是酒坛的耻辱。失去父母的人不如死去好了。失去父亲，我依仗谁？失去母亲，我依靠谁？怀着悲伤流浪在外，回到空荡荡的家也像没有回家一样。

父母生我养我(互文句式)，爱我疼我，使我成长，培育我，出入都挂念着我，我想报答你们的大恩大德，好像苍天的无穷无尽。

南山上刮着狂风，别人都有养育父母的机会，为何只有我失去双亲？

南山上刮着狂风，别人都有养育父母的机会，唯独我不能终养父母。

这首诗是中国人的孝亲情感在文学作品的最早表现，表达了子女对父母的真挚浓厚的感情，情真意切，百转回肠。

有子①曰："其为人也孝弟②，而好犯上者，鲜矣③；不好犯上而好作乱④者，未之有也。君子务本⑤，本立而道⑥生。孝弟也者，其为仁之本！"

——《论语·学而》

注释

①有子：孔子弟子，名若。

②孝弟：孝，善事父母为孝；弟，同"悌"，善事兄长为悌。

③好犯上者，鲜矣：好，喜好；犯上，对在上位者的冒犯；鲜，少。

④作乱：破坏社会的秩序规则。

⑤君子务本：君子，既可以指执政者，也是指德性高尚的人；务，致力；本，根本，始源。

⑥道：宇宙人生的真理。

解 读

　　有子说："如果一个人既能够善事父母，又能够尊敬兄长，那么他就不会是一个喜欢犯上的人；而如果一个人不喜欢冒犯上位者却喜欢破坏社会秩序，从没有这样的事。作为执政者应该首先提倡孝悌，这样才能使百姓成为有德性的人，而不会犯上作乱；而孝悌也是一个人成就德性的入手处，一个想完善自己人格的人也应该以孝悌为入手处。"

曾子①曰："往而不可还者、亲也。至而不可加者、年也……是故椎②牛而祭墓，不如鸡豚逮③亲存也。故吾尝仕为吏，禄不过钟釜，尚犹欣欣而喜者，非以为多也，乐其逮亲也。既没之后，吾尝南游于楚，得尊官焉，堂高九仞，榱题④三围，转毂百乘，犹北乡而泣涕者，非为贱也，悲不逮吾亲也。"

——韩婴《韩诗外传·卷七》

注　释

①曾子：孔子的学生。

②椎(chuí)：名词，指捶击具，如铁椎、木椎。这里用做动词，指椎打，杀。

③逮(dài)：及，到。

④榱(cuī)题：屋椽的端头，通常伸出屋檐，因通称出檐。

解 读

曾子说:"父母一旦过世就不能再生了, 节限到了而不能增加的是年寿……所以与其杀牛祭祀父母, 不如用鸡豚赡养父母。我曾经做过微末的小吏, 俸禄非常微薄, 却仍然高高兴兴, 并不是觉得俸禄多, 而是因能够用这样微薄的俸禄侍奉双亲而开心。双亲去世后, 我在楚国当了很大的官, 衣食住行非常尊贵豪华, 但我却向着家乡的方向流泪, 不是因为生活得卑贱, 而是因为虽然现在很尊贵却没有机会孝敬父母而伤心。"

孝亲不逮富贵, 应及时行孝。

世俗不孝者五：惰其四支①，不顾父母之养，一不孝也；博弈好饮酒，不顾父母之养，二不孝也；好货财，私妻子②，不顾父母之养，三不孝也；从耳目之欲，以为父母之戮③，四不孝也；好勇斗很④，以危父母，五不孝也。

——《孟子·离娄下》

注释

①惰其四支：即四体不勤。四支，即"四肢"。

②私妻子：偏爱妻子儿女。

③戮：羞辱。

④斗很：犹斗气。很，通"狠"。

解读

世俗所说的不孝有五种：四体不勤；好饮酒赌博；贪恋财物，偏爱妻子儿女；纵情耳目之欲使父母蒙羞；好勇斗狠，使父母身处危险之中。这些不顾及父母的生活需要就是不孝。

子路曰："伤哉，贫也！生无以为养，死无以为礼也。"孔子曰："啜菽①饮水②，尽其欢，斯之谓孝。敛手足形③，还葬而无椁④，称其财，斯之谓礼。"

——《礼记·檀弓下》

注 释

①啜(chuò)菽(shū)：煮豆吃。啜，喝。菽，豆类的总称。
②饮水：意谓生活清苦。
③敛手足形：亲人死后用衣棺入殓，使形体不露。敛，同殓。
④椁(guǒ)：套在棺材外面的大棺材。

解 读

子路说："实在是令人伤心啊！因为贫困，父母在世时没有能够很好地赡养，而死时也不能很好地安葬他们。"孔子说："即使是生活清苦，但只要是能够尽己敬爱之心，使父母生活得欢欢喜喜、精神愉快，就是孝子了。安葬父母时只要能够尽力而为，使父母能够不露形体而入土为安，即使不能够置办大棺材，也可以说做到了礼。"亲情重在真诚地敬爱父母。

孝子所以不从命有三：从命则亲危，不从命则亲安，孝子不从命乃衷①；从命则亲辱，不从命则亲荣，孝子不从命乃义；从命则禽兽，不从命则修饰，孝子不从命乃敬。故可以从而不从，是不子也；未可以从而从，是不衷也；明于从不从之义，而能致恭敬、忠信、端悫②以慎行，则可为大孝矣。

——《荀子·子道》

注 释

①衷：善，意思为发善于衷心。

②端悫（què）：端，正直。悫，诚实。

解 读

孝子在三种情况下可以不遵从父母之命：从命使父母陷于危险之中，不从命却能够使父母平安，则不从命是善的；从命则使父母蒙羞，不从命却能够使父母尊荣，则不从命就是合适的应该做的；从命是野蛮无礼的行为，而不从命则是合乎礼的行为，则不从命就是孝敬的行为。所以可以从命而不从，就没有尽到孝道；不应该从命而从命的话就是不善；能够分辨什么时候应该从命什么时候不应该从命，而且能够做到恭敬、忠信、正直、诚实，并且慎重地选择行为，则可以说是大孝了。

父母全而生之，子全而归之，可谓孝矣。不亏其体，不辱其身，可谓全矣。故君子顷步而弗敢忘孝也。……一举足不敢忘父母，是故道而不径，舟而不游，不敢以先父母之遗体行殆①。以出言而不敢忘父母，是故恶言不出于口，忿言不反于身。不辱其身，不羞其亲，可谓孝矣。

——《礼记·祭义》

注 释

①行殆：进行危险的活动。

解 读

父母给了子女完整的身体，子女也应该把完整的身体保持到生命终结，这就可以说是孝。不使自己的身体受到损坏和侮辱，就做到了"全"。所以君子举手投足不敢忘记孝道。……子女不敢令父母遗留给自己的身体处于危险之中，所以不走小路而走大道，因为小路险阻，可能会有危险；过河时也会选择乘舟船而不是游水而过，因为游水而过可能会溺水。子女不会出口不逊而招致他人以恶语相加，也就不会使父母受到侮辱。能够做到不使自己的身体受到损伤，不使自己的父母受到侮辱，就可以说做到了孝。

惟养生功夫是父母切实受用处。至于送死，虽必诚必信，勿之悔，而在人子皆发于实心，在父母则尽是虚文矣。语云："椎牛而飨墓，不若鸡豚之逮存"，此最伤心之言。盖既当善养口体，尤当善养其志；既欲得亲之心，又欲纳亲于道①：是为难耳。

——《陈确集·文集·养生送死论》

注 释

①纳亲于道：谓使父母讲仁义，行正道。纳，入的意思。

解 读

唯有养生是父母能够切实受用的地方。至于送死，虽然一定要真诚地哀戚，尽自己之所能使父母得到很好的安葬，对于子女来说是发自真心，为了不后悔，但对于父母来说都是无用之虚文而已。有人说过，"与其杀牛祭祀父母，不如用鸡豚赡养父母"，这才是最伤心之言。对于子女来说，应该要让父母的生活丰衣足食，尤其要令他们精神愉快；既要让父母的心情愉快，也要使父母能够讲仁义，行正道。这对于子女来说确实不容易。

入孝出弟，人之小行也；上顺下笃，人之中行也；从道不从君，从义不从父，人之大行也。若夫志以礼安①，言以类使②，则儒道毕矣。

——《荀子·子道》

注释

①志以礼安：谓心意思想依礼而动，违反礼则心志不安。

②言以类使：谓言语本于义理和礼法。

解读

在家孝父母，出门敬兄长，这是小善；对上顺从君父，对下则笃爱于卑幼，这是中善；如果君父的意愿和命令与道义相违背，就服从道义，而不是顺从君父，这是大善。心意思想依礼而动，言语本于义理和礼法，能够做到这些，就算是实现了儒家对孝的理解了。

生我育我之父母，恩同天地。尚薄亲爱之情，则其人豺狼成性，天下更无可亲可爱之人，盖其所厚者薄，无所不薄也。故圣门垂训，首章言学，次章即言孝弟①，以为第一根本。

——《养正录》

注 释

①弟：同"悌"。

解 读

孝悌是儒家治学的根本入手处，成就个人的德性必以孝悌为先。因为一个人对父母都不能有亲爱之情的话，还能够对谁有真实的亲爱之情呢？对至亲至爱之父母尚且不能做到敬爱柔顺，又能够对谁做到呢？因此孝悌是为德之本。

尊高年，所以长其长；慈孤幼，所以幼其幼。……凡天下疲癃①残疾、惸独鳏寡②，皆吾兄弟之颠连而无告者也。

——《张载集·正蒙·乾称》

注释

①疲癃(lóng)：年老衰病。

②惸(qióng)独鳏寡：惸，无兄弟的人。独：无子或丧妻的人。鳏：无妻或丧妻的人。寡：死去丈夫的妇女。

解读

尊重年事已高的人，就是尊重自己的长辈；慈爱失去双亲的子女，就是慈爱自己的子女。……凡是天下衰病残疾之人、无兄弟之人、老而无子之人、无妻之人、失去丈夫之妇女，这些颠沛流离、求告无门的人都是我的兄弟。这正是儒家一以贯之的理想，让全天下人的子女都得到抚育，全天下的老人都得到赡养，所有没有生活依靠的人得到很好的照顾，也就是儒家的理想社会。

亲亲长长,须知亲亲当如何?长长当如何?"年长以倍①,则父事之;十年以长,则兄事之;五年以长,则肩随之",这便是长长之道。

———《朱子语类》

注 释

①倍:倍于自己的岁数。实际上是指长于自己二十岁以上。

解 读

亲爱父母,尊重长辈,须要知道什么是亲亲,什么是长长?"对比自己年长20岁的人就要像对待父母那样侍奉,而对待年长自己10岁的人,则要像对待兄长一样敬重,对比自己年长5岁的人行路时就要在其身后,才算合乎礼仪",这便是长长之道,也就是敬长之道。

子曰："孝子之事亲也,居①则致其敬,养则致其乐,病则致其忧,丧则致其哀,祭则致其严②。五者备矣,然后能事亲。"

——《孝经·纪孝行章》

注 释

①居:平居,平时。
②严:严肃,庄重,斋戒沐浴以祭。

解 读

孔子说:"孝子侍奉双亲,平时要很恭敬,要令父母很欢喜,父母生病时要全心全意去照顾父母并为父母的病痛感到忧虑,丧葬时要有真正的哀戚,祭祀时要庄重严肃。能够做到这五件事的,可以说能够侍奉双亲了。"

52

　　子夏问孝。子曰："色难①。有事，弟子服其老；有酒食，先生馔②；曾是以为孝乎？"

——《论语·为政》

注　释

　　①色难：侍奉父母，每时每刻能做到和颜悦色是件难事。

　　②先生馔：先生，此为年长者。馔，食用。

解　读

　　子夏问何谓孝。孔子说："侍奉父母，能做到每时每刻和颜悦色是件难事。有事，子辈们应该主动去做；有酒食，应该让长辈先享用。这可以说是孝吗？"孔子强调，孝顺父母能做到和颜悦色是件难事，只有那些对父母有深爱的人才能做到不恼不烦，总是对父母保持着和颜悦色。

《春秋》贵义而不贵惠①，信②道而不信邪。孝子扬③父之美，不扬父之恶。

——《春秋谷梁传·隐公元年》

注　释

①惠：私惠。

②信：同"申"。

③扬：张扬。

解　读

《春秋》记载史实的原则是尊重道义而不偏重私惠，申明的是道义而不是邪恶。孝子要张扬父亲的美德，对于父亲的恶行则要隐藏。这句话只从字面上看很容易令人误解，以为子女包庇父母的恶行恶德，其实对于父母的善要张扬，强调的是子女要继承父母的美德，扩大父母的美德，而对于父母错误的行为则要设法弥补，使他们的行为不至于造成更大的危害，并不是简单地包庇父母。

捐①去物欲之私，尽却②利害之蔽，默观此心之本然，则父子之间固未尝不慈且孝也。

——《朱子大全·甲寅拟上封事》

注 释

①捐：舍弃。

②却：除掉。

解 读

舍弃偏狭的欲望和喜好引起的私心，除掉利害算计的蒙蔽，只要静静地深深地反观自己的本然之心，父子之间没有做不到慈爱孝敬的。朱子这句话说的是，慈爱本是为父的本然之心，人生来就有的，而孝敬本来也是为人子的本然之心，也是人生而就有的，之所以父不慈爱，子不孝敬，是由于失去了本然之心。其实，人都有能慈爱能孝敬的心，只是由于在生活中遇到了各种的习染，本然的慈爱之心孝敬之心被遮蔽了。只要我们能够反观我们自己，就能够发现，其实我们本来就有慈爱孝敬之心。

子曰:"父母之年,不可不知也。一则以喜①,一则以惧②。"

——《论语》

注 释

①喜:高兴。

②惧:担忧。

解 读

孔子说:"父母的年纪,不可不知道,并且应常常记在心里。一方面为他们的长寿而高兴,一方面又为他们的衰老而恐惧。"春秋末年,社会动荡不安,臣弑君、子弑父的犯上作乱之事时有发生。为了维护宗法家族制度,孔子就特别强调"孝"。现在人们在谈到自已年事已高的父母表示喜悦欣慰而不无忧虑的心情时,常引用这几句话。"一则以喜,一则以惧"也可用以泛指喜忧交加的复杂心情。

孝

第三辑
范
例
篇
FANLIPIAN

孝

　　鲁迅先生曾在《中国人失掉自信力了吗》一文中说过："我们从古以来，就有埋头苦干的人，有拼命硬干的人，有为民请命的人，有舍身求法的人……虽是等于为帝王将相作家谱的所谓'正史'，也往往掩不住他们的光耀，这就是中国的脊梁。"本辑所选正是作为中国人道德"脊梁"的行为故事。他们以自己的实际行动诠释了什么是道德上的崇高。这些故事不过是古往今来具有高尚道德情操的中国人的行为范例之冰山一角。虽然他们的行为有其时代的烙印和局限，但正因其为后人"立德"，故而获得了不朽的意义。

涌泉跃鲤

有个孝顺的儿子当然是很好的事，假若有个同样孝顺的媳妇，那就好上加好了。这个神话故事是叙述一对夫妇对母亲侍奉周到，十分孝顺，终于得到神的帮助。

有一个名叫江石的人，夫妻俩与母亲共同居住。他的妻子庞氏，性格非常贤淑，服侍婆婆，曲心尽意。

古时候没有自来水管的装置，人们吃的水大多是由河里和井里汲取的。河水、井水不很干净，含有很多的泥土和杂物，既不好喝，又容易使人生病。江石的家靠近河边，他们只能食用河水。可是江石的母亲身体衰弱，喝了河水之后，不是生病，便是泻肚。有一天，老太太叹息着说："唉！我们家在河边，只能靠河水过日子。假如我们家在山边那就好了，山上的泉水不但清凉可口，听说还可以治病呢。"

庞氏听了婆婆的话，第二天一早就一个人挑着水桶，到山边去寻找泉水。山边的道路十分难走，她走了一个时辰，终于在山脚处找到了一脉泉水。泉水清澈见底，她立即装满两桶泉水，挑回家中。她把水煮沸，泡了壶茶给婆婆。婆婆喝了泉水，觉得味道甜美，好像病也减轻了一半。于是，庞氏每天都挑着水桶，到山边的泉水处去取水。虽然辛苦劳碌，但她心中十分高兴，因为婆婆的病已经慢慢痊愈，身体也比以前好了许多。

有一天，老太太说："我最喜欢的是活鱼，活鱼的肉鲜嫩可口。"她叹了口气，接着说："可是我也知道，哪能天天买到或钓到活鱼呢！"

江石听到了母亲的话，就天天沿着河边去钓鱼，即使走很远的路，也一定要钓条鲜鱼回来。

江石夫妇看着老太太很有兴致地品尝鲜鱼，心里非常高兴。有的时候，夫妻俩一同去钓鱼，钓了好几条鱼回来，他们就请亲友和乡邻跟母亲一同享用。看到老太太有说有笑，他俩就开心了。

这对孝顺的夫妇，天天去山边挑泉水，去很远的河边钓鱼，不管自己多么辛苦，也不管天冷天热，甚至在自己生病的时候也没间断过。

天上的神仙发现了江石夫妇的孝行，于是暗中帮助他们。

有一天早上，庞氏走到自家的后院，不禁吓了一跳，因为后院内积了很多水。"哦！老天哪！怎么会有这么多水呢？昨晚没下雨呀！"庞氏心中十分奇怪，可是积水还在继续上涨。

"是不是个水泉？可真是个水泉么？哦！可不是真的是水泉么！哎哟！"她大声喊道："泉水！泉水！哦，老天！这是真的吗？"她尝了尝水，真甜！她连忙呼喊她的丈夫："江石！来！来看啊！"

江石听到庞氏大叫就跑过去。他看见妻子正站在后院的水中玩弄滚滚的水泡，他也惊奇地说："怎么回事？这么多水，哪儿来的？""你自己来尝尝吧！"庞氏热切地说。

江石尝了一下，说："嘿，好甜的水！"接着，他也大喊："水泉，水泉，哦，这真是个奇迹！"他揉揉眼睛，拍拍自己的前额，再往地面看，水越来越多。"是呀，真是个水泉。这么清凉甘甜。在我们自己

的后院内居然有个水泉！哈哈！以后你就不必跑到远远的山边为妈妈取水了。"

夫妻二人对着水泉高兴得手舞足蹈。邻人们听到了他们的欢呼也一拥而来，对着那奇异景象赞羡不止。年长的人一下就明白了事情的真相，他们说，一定是江石夫妇的孝心感动了天地。于是，乡邻们纷纷拿出香烛，摆设祭品，一同向天地磕头感恩。

有几个年轻人，立刻搬砖运石，砌造一个水池，将泉水围起来。

第二天一早，江石正要往河边去钓鱼，忽然看到有两条鲤鱼从后院的泉水中跳了出来，跌落在地上，而且不停地翻尾掀鳍。江石瞪大了双眼，简直不相信他所看到的景象。

"鲤鱼？活鲤鱼！我的天哪！这是赏给我们的？哦！谢谢老天。我们怎么也谢不完老天的大恩哪！老天对我们太慈悲了。我们没做什么好事，怎么得到这么大的慈悯啊！"

从那时开始，每天有两条鲤鱼从泉中跳出，江石再也无需每天到河边钓鱼，庞氏也不必冒着寒暑到山边去取水了！

他们后院冒出的泉水比任何泉水都更为清凉甘甜呢！

闵损芦衣顺母

在我国周朝的鲁国有个姓闵名损字子骞的人。在闵子骞很小的时候母亲就不幸过世了。父亲娶了后妻，后妻又连续生了两个弟弟。人都有私心，因为不是自己亲生的，所以后母对待孩子就有很大的差别。后母平时对子骞很不好。严冬，后母给自己亲生的两个孩子穿着保暖的棉花做的棉衣，两个小孩子就算是在户外玩耍小脸也是红扑扑的。可怜的子骞却裹在一件单薄的芦苇絮做成的衣服里。数九寒天，寒风刺骨，子骞经常被冻得四肢僵硬、脸色发紫。就是在这种极大的差别中，子骞也从来没有一点怨言。

在一个严寒的冬天，子骞的父亲外出办事，要子骞驾车。冰天雪地，子骞身上芦苇絮做的衣服哪里能抵挡住冬天的严寒！双手被冻僵了，嘴唇冻紫了。一阵寒风吹过，子骞剧烈抖动的身体实在没法抓紧缰绳，一失手，驾车的辔头就掉了，这引起了马车很大的震动。

坐在后面的父亲和弟弟身体猛晃。父亲很是生气，心想：这么大了连马车都驾不好！便要下车呵斥。正要斥骂子骞时，突然发现子骞脸色发紫，浑身颤抖。他很是奇怪，便上前拉开子骞的衣襟，顿时脸色大变，眼睛湿润了，原来，子骞的"棉衣"里全都是一丝丝的芦苇絮，没有一朵棉花的影子！这样寒冷的天气怎么能忍受得了呢。让孩子在三九天里受这样的冷冻这样的苦，是自己没有尽到父亲的责任啊！这时，父亲火冒三丈，没想到，同床共枕的妻子竟然这样恶劣，居然对一个孩子都如此狠毒。他当即决定把妻子赶出门

去。子骞听后"扑通"一声跪在地上,含泪抱着父亲说:"母亲在的时候,只有我一个人寒冷,可是如果母亲不在了,家里的三个孩子就都要受凉挨饿了。"他的这番话使父亲非常感动,于是就不再赶他的后母了。看到闵子骞一点都不怀恨于心,后母深受感动,她对自己的行为感到非常后悔,最后也把子骞当做自己的孩子一样的爱护。

子骞一番挽留后母的话非常凄凉,非常恳切,又非常悲悯,完全是肺腑之言,连铁石心肠的人听后都为之声泪俱下,他的天性是何等的孝敬、纯洁,何等的淳厚、善良。

"母在一子寒,母去三子单。"这句话流传千古,让后代的人都来赞美闵子骞的孝心孝行。人人都有孝心、孝行,天下都将是善良的人,我们的社会也会更加和谐、美好!

哭竹生笋

孟宗幼年丧父，与寡母相依为命。母亲年迈，双目失明，仍摸索着织布，设法供他念书。

一年冬天，"娘——"孟宗扶起母亲，"娘，你感觉怎么样？"

"孩子，呵，真奇怪，我现在居然想喝笋尖汤！"

孟宗听说妈妈想喝点汤，心中十分高兴。因为她已经好几天没吃东西了，身体越来越弱。不过他也在想，现在是严冬，竹笋要到春天才发芽，此时要到什么地方去找竹笋呢？

孟宗望望窗外，此时正是严冬时分，下着鹅毛大雪。

"算了，算了，也许是我病糊涂了。"孟母连连摆手。

孟宗立刻说："娘，你别这么说。"他很久以前就对天发誓，无论母亲说什么要什么，他都不会说一个"不"字。"娘，你等着，我一定会找到竹笋来给你熬笋尖汤的！"

孟宗在角落里找到了铲子、斧子等工具，拿起来走到外面寻找竹笋。

"天啊，竹笋到底在哪里啊！"孟宗走过了许多地方，风雪的打击让他几乎变成了一个雪人！

孟宗苦苦挣扎，又走了好长一段路，才隐隐约约看到了一片小竹林，又走了许久，终于到了那个竹林。可是，那里没有竹笋，只有那厚地毯一般的皑皑白雪，铺了一地。

孟宗望了望，眼中没有多少希望。"哎，"孟宗叹了口气，"我挖挖看吧。"

　　他抡起铁锹，一下一下地挖了
起来。挖了好久好久，孟宗的手都
冻裂了，身子也软了，直到再也没有
一丝力气了，他跌坐在雪地上。

　　"天啊！为什么！为什么要这样
对待我,这样对待我母亲！"孟宗跪
在地上大吼。

　　病中的母亲现在应该在家里等
着他带着竹笋回去呢。想到这儿，孟
宗忍不住在雪地中放声大哭。

　　不可思议的事发
生了:孟宗身下的冰雪
以肉眼可见的速度融

化了。慢慢地整个小竹林的冰雪都融化了，冒出了尖尖的小芽，然后渐渐地渐渐地越长越大。

"啊——是，是竹笋？是竹笋！是竹笋！太好了！"孟宗由一开始的惊讶变成了惊喜。"谢谢！谢谢！谢谢，老天爷！"孟宗赶紧弯腰去挖，挖了好多，一路小跑回家。

"娘！娘！我找到竹笋了！我找到竹笋了！我可以给您熬笋尖汤了！"孟宗喊着跑回家。"嗯……"此时，孟母已经病入膏肓，快要不省人事了。孟宗一见赶快跑到厨房，熬了一大锅笋尖汤，端过来喂他母亲吃。母亲喝了好多好多笋尖汤，身体恢复了一些。"娘，是老天爷在帮我们啊！"孟宗见母亲恢复了不少，便将自己如何挖到竹笋的经过告诉了母亲。"是啊！是啊！是老天爷在帮我们！"孟母激动万分。

挖的竹笋没有吃完，孟宗就连续几天给母亲用竹笋熬笋尖汤喝，等到竹笋吃完，孟母的病也完全好了。

在这之后，孟宗就更加努力地读书学习，终于成为了一位学者，并且成功地当上了朝中的一位贤良大臣，帮助国家做了许多许多有益于人民的事情，受到了广大人民的爱戴！

卖肉敬父冯玉祥

爱国将领冯玉祥是一个十分有孝心的人。

冯玉祥家里贫苦，父亲是军队里的一名下级军官，母亲早逝。由于家里贫穷，冯玉祥只读了几个月的私塾，父亲便再无办法供他上学读书，可是懂事的小冯玉祥从来不责怪父亲，还常帮父亲干活。

家里贫困，冯玉祥12岁便进了军队，军队里的条件很艰苦，他还是很辛苦。冯玉祥经常生病，父亲看着心疼，却没有办法。家里的重担全压在冯玉祥身上，他却未曾喊苦喊累。

那时军队里一般逢三、五日领饷，五、十日打靶。打靶可是件苦差事，来回要走二三十里路，不管严寒酷暑、刮风下雨，在地上一趴就是半天，军队里年岁大的兵都受不了，何况是仅仅12岁的冯玉祥。

父亲心疼冯玉祥，年龄小、身体差，每逢打靶的日子，总要叫住他：玉祥给你几个小钱，买点儿吃的吧，补补身子。冯玉祥坚持不要，可是父亲一再给他钱，他不好推辞，只好收下。

冯玉祥虽然接过了小钱，心里老是犯嘀咕，家里的日子本来就不好，何况前些天父亲又坠马摔伤了右腿，父亲尽吃杂粮白菜，这些钱本来就是父亲从牙缝里挤出来的，这几天，父亲正需要改善饮食，这钱怎么能自己独自用呢？冯玉祥不忍心把钱花掉，算计着把钱留下。

于是他把父亲给的钱攒了起来，还有平日里在军队省吃俭用凑足的二十四个钱，到肉铺买了二斤猪肉送回家里。

晚上，老父亲还没进家门，就闻到了香喷喷的肉香，于是加快了脚步，走进家门。父亲发现锅里香喷喷的猪肉，不禁问站在锅前的冯玉祥，这肉是从哪里来的？冯玉祥笑着说，您老人家只管吃好了，放心，这肉来的正大光明。

忠厚的父亲非要问出个究竟，无奈冯玉祥只好如实地讲了。我卖掉余下的火药加上您每日给我的小钱，凑起来给您买肉，想让您高兴高兴，也补补身子。父亲听了，顿时流下了眼泪，抱着冯玉祥说："你真是我的好儿子。"

此事一直留在了冯玉祥心里，20年后，他再次想起此事，不禁写下一首打油诗：

肥肉二斤买回家，
亲自炖熟奉吾父。
家贫得肉食非易，
老父食之儿蹈舞。

鲁迅孝母

鲁迅的孝心很重，他从小就懂得孝顺母亲，为母亲分担劳苦。

1919年，鲁迅在北京教育部任职，他买下了八道弯的房子。先同二弟周作人夫妇迁入，然后回绍兴接母亲和朱安来京安居。三年后，因遭到周作人夫妇的侮辱、攻击，他不得不离开母亲，带着朱安另住砖塔胡同小屋。不久，鲁迅看到65岁的老母亲在二弟周作人家得不到一丝温暖和照顾，时常受到二儿媳妇的闲气，他再向各方借贷，买下阜成门内西二胡同一座四合院，将母亲接了过去，让老人得以安度晚年，直到85岁寿寝。

鲁迅接母亲到阜成门家中后，他曲尽孝道，将最好的大房子让母亲住，自己则独居屋后一间简陋的小房充当书房兼卧室。他那时已经四十余岁，但还是像小时候一样，外出上班前必去母亲处说声"阿娘，我出去哉！"回家时必要向母亲说声"阿娘，我回来哉！"每当晚餐以后，他总伴着母亲聊一会儿天儿，然后才回到书房工作。他每日领到薪水，照例要给母亲买她爱吃的糕点，让老母挑选后，才将剩下的一下部分留下自用。有什么好吃的、穿的，第一个想到的就是母亲。他除了交出一个月的家用，还每月给母亲一定的零花钱。如此种种，在鲁迅生活中已成为一种做儿子的规矩。

鲁迅的母亲非常爱看旧小说，她不时要鲁迅提供。鲁迅或亲自购抑或托人代买，将一本本小说如鸳鸯蝴蝶派作品——张恨水的

章回小说源源不断地送到母亲手中,即使她后来回到上海,他仍不断地给母亲寄书。除了书籍,还寄羊皮袍料、金华火腿等衣物食品,每月的家书也从不间断。只要母亲需要什么,就算她不说,鲁迅也会知道,给母亲买上,从不心疼自己辛辛苦苦挣的钱。

有一次,母亲为修绍兴祖坟之事写信给鲁迅。信中说这笔钱应该三个兄弟共同分担。鲁迅立即回信说,这笔费用他早已汇到了绍兴,要她不必向二弟周作人提起,免得因为一点小事而生气。鲁迅情愿自己节省,也不愿使母亲怄气。他母亲看到此信后,十分感动,对人说:他处处想得周到,处处体谅我这老人。

鲁迅少时父亲病故,家道中衰,几十年来他把供养母亲和整个家庭生活的重担压在自己肩上。他时常对人说:我娘是受过苦的,自己应当担负起一切做儿子的责任。另一方面,他母亲也对人说鲁迅孝顺:他最能体谅我的难处,特别是进当铺典当东西,要遭到多少势利人的白眼,甚至奚落;可他为了减少我的忧愁和痛苦,从来不在我面前吐露他难堪的遭遇,从来不吐半句怨言。为了自己的母亲,鲁迅有什么苦都自己忍着,当着母亲的面他就算再伤心再难过也会在母亲的面前露出笑脸,不让母亲担忧。

孝心包子

　　为了照顾瘫痪的父亲，湖南铁道职业技术学院"90 后"毕业生李春霖两度放弃工作，自己开了家包子店，其"创业尽孝"的故事感动了无数人。株洲市石峰区天桥街李春霖新开的"百味鲜包"店前，母校的十名志愿者前来帮忙义卖包子，学校党委书记钟建宁送来慰问金，并鼓励他："三百六十行，行行出状元，希望你能成为包子大王。"

　　李春霖 1990 年出生在湖南省桂阳县。父亲李气龙生病前靠打零工、做小生意养家供儿子读书。2010 年元月，性格急躁的李气龙与妻子争吵，动手打了妻子。"从此妈妈再没回来。"李春霖说，"父亲变得忧郁，话少，总是坐在家门口朝远方发呆。以前那个爱大声说笑的父亲不见了。"不幸接踵而至，李气龙突然脑溢血倒地人事不省。这时李春霖正在贵州一家医疗器械公司实习，接到亲戚的电话放声痛哭："我一定要见到活着的父亲！"

　　孝心感动苍天，李春霖赶回医院不久，父亲竟恢复了生命体征，医生说是奇迹。父亲出院后，吞咽困难，吃饭要喂，大小便不能自理。对李春霖来说，照顾父亲这些都不成问题，最大的难题是钱。85 岁的奶奶，靠手扶板凳爬行走路。老人理解孙子的心思，"欠账要还，你还是出去赚钱，家里我来照顾。"拜托亲戚和邻居帮忙照看后，李春霖应聘到广州一家保险公司，刚上班培训了半个月，父亲再次中风。李春霖想方设法将病重的父亲接到广州治疗，每天陪在父亲病床前。刚刚毕业的他身无分文,父亲每天住院的治疗费用上千元,医院每天下发催款单。不得已,他将父亲背回了老家。家中欠下了5万余元治疗费。"在家待下去不是办法,父亲一旦发病就再也无处筹钱,必须想办法赚钱!"李春霖对自己说。

同学李亚运正好准备创业,与李春霖商量,上网搜索,觉得开包子店成本小,决定一起创业。两人凑了3200元学费,前往山东一家包子培训学校,学了8天技术。在网上寻租到了门面。"这样既可随时照顾父亲,也能赚钱维持生计,做得好的话,还可以赚钱继续给父亲治病。"李春霖说。

这是一间不大的门面,楼下开店,楼上住人。20来平方米的店面,一面玻璃墙隔成里外两间。外间搁着蒸包炉、压面机、冰柜、桌椅等,都是旧货市场淘回的二手货。里间架着一块长条案板,上面摆着和好的面。这是包子的加工制作间。 沿着狭窄的楼梯上到二楼,狭窄的空间隔出两间卧室和一处杂物间。杂物间没有桌子,一大堆住院清单放在地上,还有就是书:《要事第一》《未来50年大趋势》《番茄工作法——简单易行的时间管理方法》等。卧室除了床,别无他物。李春霖的父亲李气龙躺在床上。

这名"90后"大学生,为救父亲,放弃所学的专业开包子店,凭孝心和意志跋涉在一条艰难的人生之路上。学校的老师对他的选择表示赞许。汤劲老师说,李春霖选择了一个兼顾家庭和个人发展的道路,对于他个人来说,目前是最好的选择。吴田珍老师说,李春霖"创业尽孝",也从一个侧面反映了大学生就业观的改变市场经济下就应该这样,适合什么就干什么,不拘泥于所学的专业。株洲市天元区的谭师傅自愿到店里来,手把手教李春霖做包子,帮助解决技术难题。"他的创业精神、孝敬长辈令人感动。但是把包子做好,可不是一两天说会就会的功夫。我看他是精神可嘉,道路难走哦。"谭师傅感慨地说。

李春霖给记者的留言是:"没有钱,没有经验,一样可以创业。父亲抚养了我 20 多年。我照顾父亲几十年是应该的,这是一种责任。"就在李春霖的床头贴着这样一张小纸条:"人总是从平坦中获得的教益少,从磨难中获得的教益多。一个人在年轻时经历磨难,如能正确视之,冲出黑暗,那就是一个值得敬慕的人。"这就是李春霖的座右铭。

父母是天，孝道为大

因为父母，他学会了选择；因为孝心，他懂得了放弃。在生命的征途上，他把天平倾向了父母，即使他放弃了大好前程也无怨无悔，在人生的考试中交出了满分的答卷。王春来在升迁与尽孝之间选择了后者，用他的孝心感动了亿万国人。

当年，时任司法部常务副部长的金鉴在看到王春来的《监狱中队管理学》一书时，称赞此书"填补了国内监狱理论的一项空白"，并邀请王春来到北京商谈有关进入司法部门专门从事理论研究工作。

正当王春来憧憬着自己的大好前途时，灾难发生了：一次意外，王春来的母亲不幸瘫痪。面对病床上的母亲，经过激烈的思想斗争，王春来最终决定放弃升迁的机会，一心一意留在母亲身边。之后，王春来带着母亲到全国各地寻访名

医，但是瘫痪没好，反而得了尿毒症，随时都有生命危险。祸不单行，王春来的父亲在这时也瘫痪了。自此，为了更好地照顾父母，王春来为自己制订了严格的时间表：每天早上5点准时起床，然后开始了照顾父母的一天。他还要去上班，下班回来背父母下楼呼吸新鲜空气，给父母喂药喂饭等一系列工作，到晚上9点给父母再测一次血压，然后写作到凌晨再睡。

为了给父母提供方便的治疗，王春来自学了多门医学课程，还学会了基本的医疗和护理技能。同时，他还亲手为父母制造了很多辅助锻炼工具。在照顾双双瘫痪的父母的同时，他有所作为，做出成绩，让父母为拥有这样的儿子而自豪，这对父母来讲是一种精神上的孝敬。他的长篇小说《黑手伸出高墙》《明天谁坐牢》与《河南犹太人》被多次转载，又在全国各地出版，实现了用文学创作警示社会犯

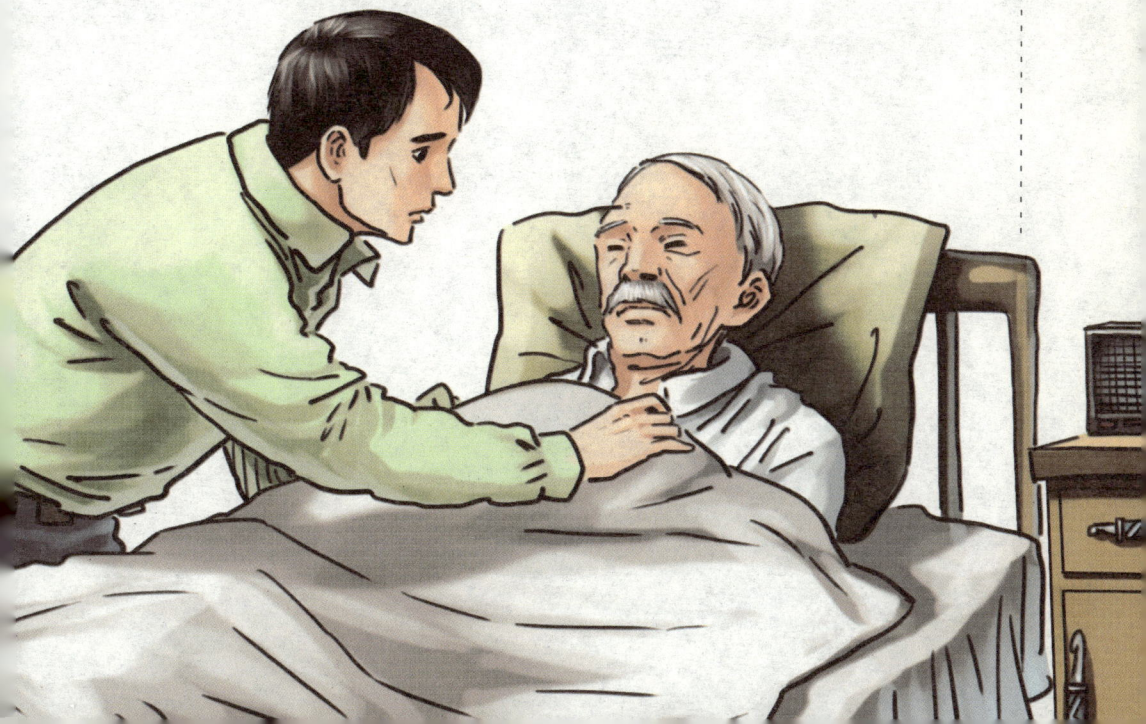

罪,树立狱警形象的理想。

　　王春来照顾双双瘫痪在病床上的父母12年,坚持写亲情日记上万篇。他用自己的实际行动为孝道赋予了更深层的含义,他对父母的孝顺值得所有人去认真体悟和学习。

坚守孝与爱,她是最美女孩

命运对孟佩杰很残忍,她却用微笑回报这个世界。由于生父遭遇车祸去世,5岁的她被生母送人托养,不久生母病逝。然而不幸接踵而至,8岁时养母刘芳英因病瘫痪,养父不堪重负离家出走,从此重担落在孟佩杰稚嫩的肩膀上。

13年来,孟佩杰坚持每天早上6点起床,帮养母穿衣服、洗漱、换尿布、喂早饭,然后一路小跑去上学;中午放学,回家做饭、喂饭,给养母擦洗身子、活动筋骨、敷药按摩,换洗床单、被褥,再匆匆忙忙去上课;放学回来,马上做晚饭、做家务,再服侍养母睡觉。每次都得到晚上9点以后,孟佩杰才歇下来做功课。

刘芳英瘫痪后大小便失禁,为了尽可能避免弄脏床单被褥,孟佩杰就在褥子上铺上塑料布,塑料布上又铺上床单。即便如此,洗尿布、衣裤、床单的工作量也是很大的。养母刘芳英总是骄傲地说收养孟佩杰是她这辈子最正确的决定。

13年来,乐观的孟佩杰用自己的坚强和不离不弃给了养母继续活下去的勇气。

养母刘芳英说:"刚瘫痪那几年我心情不好,常发脾气,但她从来没和我争过吵过,而是笑着给我讲故事,我不知她的故事是从哪来的,她还买了一本笑话书读给我听,经常挤眉弄眼、出丑变怪逗我乐。再苦再累,她都没在我面前流过一次眼泪,什么时候都是一脸阳光高高兴兴的样子。她还常鼓励我,说'妈妈别怕,有我呢,只要精神不滑坡，办法总比困难多'。"

2009年，孟佩杰考上了山西师范大学临汾学院，对养母放心不下的她决定带着养母去上大学。大一暑假，孟佩杰顶着炎炎烈日上街发广告传单，拿到工资后的第一件事就是买养母最爱吃的红烧肉。然而孟佩杰对自己却很小气，她省吃俭用下来的钱给刘芳英买衣服，而自己穿的多是亲戚朋友家孩子不要的旧衣服。她总是把有限的钱都用在日常开支和养母身上。一次同学过生日请吃饭，孟佩杰舍不得喝饮料，就把自己那瓶悄悄地装起来，找了个借口提前离开，急匆匆地跑回家给养母喝。懂事孝顺的孟佩杰常说："我少买件衣服，少吃顿好饭，就能给妈妈多买些好药，少遭点罪。""女儿身上最大的特点是有孝心、爱心和耐心。"刘芳英说，如果有来生，她要好好补偿女儿。为配合医院的治疗，孟佩杰每天要帮养母做200个仰卧起坐、拉腿240次、捏腿30分钟。碰上刘芳英排便困难，孟佩杰就用手指一点点抠出来。

提及谈恋爱，刘芳英很担心自己影响到女儿找婆家。孟佩杰却笑着说："我要找个开饭店的对象！猪肉、羊肉、牛肉……那时候我喜欢吃肉的妈妈可以想吃什么肉就吃什么肉啦！"孟佩杰就是这样，永远用笑脸来面对生活。

"在贫困中，她任劳任怨，乐观开朗，用青春的朝气驱赶种种不幸；在艰难里，她无怨无悔，坚守清贫，让传统的孝道充满着每个细节。虽然艰辛填满四千多个日子，可是她的笑容依然灿烂如花。"孟佩杰以小小年纪，撑起几经风雨的家。她的存在，

是养母生存的勇气，更激起了千万人心中的涟漪，她是当之无愧的最美女孩！"我只不过做了每个女儿都会做的事。"不少好心人提出过帮助，都被孟佩杰婉拒了，她坚持自己照顾养母。孟佩杰的毕业愿望是当一名小学老师，安安稳稳，与养母简单快乐地生活。

母亲心中最美的音乐

改革开放后的生活是多么美好，可正是由于太美好，许多年轻人不懂得珍惜自己的幸福生活，整日不思进取，吃喝玩乐，肆意挥霍自己的青春。而武汉理工大学的学生刘普林却不同，他勤俭节约，孝顺父母，成为新一代年轻人的楷模！

刘普林家庭并不富裕，父亲装运垃圾，母亲清扫大街，省吃俭用也难凑齐他上大学的万元的学费。俗话说，家贫出孝子，乱世出英雄，这样的家庭环境让他坚定了要努力学习回报父母养育之恩的信念。他们一家和另外一个环卫工人一起租住在一间十多平方米的小屋里。常年的劳累使得母亲身患多种疾病，手指也变形了。小屋潮湿，且冬冷夏热，换季时母亲更是疼痛难忍，刘普林看在眼里，疼在心上，所以一有空就帮母亲干活，寒暑假更是马不停蹄！

有一年，大年初七的时候，道路两旁的店铺都纷纷开门营业了。涵三宫街道纯净水店老板张望霞和别的店铺一样放了几串鞭炮，准备开门营业，炸开的碎屑洒满了路面，火红一片。

这时，一名"环卫工人"来到这里，手脚麻利地清理着路面。黑框眼镜、一脸书生气，怎么看都不像是个普通的环卫工人。出于好奇，张望霞提出了心中的疑问，这才知道原来是一名大学生！真令人不可思议啊！他不嫌丢人吗？可刘普林却不以为然，轻描淡写地回答："大学生扫地有什么呢？劳动是不分贵贱的！每当街道变得干干净净的时候我就很快乐。再说了，我妈妈都扫了六年了，她能扫，我为什么就不能

扫呢？"好一句"劳动是不分贵贱的"，多么真实的一句话，将被人视为耻辱的职业抬得高高在上！劳动没什么贵贱之分，能为人们创造一个干净整洁的环境才是最光荣的！清扫工作并不简单，尤其是遇到下雨下雪、刮大风的天气。刘普林没有偷懒，下雪之后，果皮纸屑都被冻在地上，于是他就借来铲子，一点一点儿地往起铲，冻住的地方就用热水解冻，400 米长的马路，他每天都要清扫三四个来回。虽然只有假期才能替妈妈打扫一段时间，可他仍是每日都精益求精！

自从 2010 年到武汉上大学以后，刘普林一有时间便替母亲清扫马路，一直坚持了两三年。为了能让母亲多点儿时间休息，他每周五都坐公交车到 30 公里外帮妈妈扫马路，周日再返回学校。放假后更是从不偷懒，没有像别的学生一样打游戏、睡懒觉。他就像马路上一道美丽的风景线，深深地印在了人们心中！

好人终有好报，2012 年 2 月 22 日，前国家领导人李瑞环知道了刘普林的事迹后，给他捐助了 3 万元人民币，并希望他好好学习，早日成才！他的事迹也登上了《光明日报》头版头条，一时之间成为人们学习的楷模！

就在那一天，湖北省教育厅副厅长、党组书记蔡民族评价刘普林："小伙子真不错，将来要好好学习，把更多的精力用在学习上。知识学好，将来才能让父母过上好日子。"还对他寄予很高的期望："希望你以李瑞环同志的关爱为动力，好好学习，以实际行动不辜负李瑞环同志对你的殷切期望！"刘普林说："我得到李爷爷的关注，不管生活是否改变，还会继续清扫大街，更要好好学习，回报社会对我的关爱！"

幸福就是守望相助

幸福在每个人的心中都有不同的理解，而在陆敏荣——一个历经无数坎坷的普通女人心中，幸福不是荣华富贵，不是飞黄腾达，而是守望相助！在她心里，幸福不只是自己过上好日子，而是让身边所有与她有关无关的人都过上好日子，给别人带来幸福！

有的人生来就有通往成功的阳关道铺在眼前，而有些人却仿佛天生就不被上帝所垂爱，仅仅得到了一条崎岖坎坷的人生道路。陆敏荣便是典型的例子。她的坎坷命运从出生起便时刻尾随她了，由于家庭的贫困和繁琐工作的压迫，不久，父亲便与世长辞。心理素质不好的母亲没有特殊的技能，微薄的工资撑不起这个摇摇欲坠、即将破碎的家。没多长时间，母亲便含泪狠心抛弃了年幼不懂事的小敏荣，改嫁他乡，从此天各一方，没有了联系。年幼的她与奶奶相依为命，靠着微薄的救济金维持生活。虽然生活清贫，但却有奶奶无微不至的关爱与体贴，不知内情的小敏荣就这样度过了她坎坷的童年。

"时间瘦、指缝宽"，时间如流水一般流过她的日子，转眼间，陆敏荣该上小学了，可是奶奶却付不起对她来说如"天价"般的学费。好心的伯父伯母同情可怜的小敏荣，省下每月的工资，凑齐了学费，将陆敏荣上学的担子主动背在了自己身上。虽然生活艰难，但小敏荣尝到了人间的温暖。她知道伯父伯母家中也不富裕，而且孩子多，开销大，只有努力学习，才能不辜负伯父伯母和奶奶对她的

期望。她渴望快快长大,用实际行动回报他们一次又一次深厚的相助之情和无微不至的关照。

在亲朋好友的支持和帮助下,陆敏荣渐渐长大了,参加了工作。刚刚参加工作的陆敏荣,工资不多,将每月每日省吃俭用的钱都寄给了渐渐年迈、体力不支的伯父伯母。不仅如此,陆敏荣还从别人那儿听说伯父的孩子们生活困难,于是生活窘迫的她,宁愿委屈自己,也要资助他们创业、上学,竭尽所能献出自己的每一份微薄之力。爱莫能助之时,她便给予他们足以振奋人心的精神上的鼓舞。这样的帮助持续了很久,直到他们都成家立业,生活稳定。虽然没有让人羡慕的富裕生活,但在陆敏荣看来,能帮助自己的恩人幸福,就是自己最大的幸福!

1976 年,陆敏荣结婚了,本以为坎坷的人生道路就要变得一帆风顺了,迎接她的将是安定的幸福生活。可命运偏偏与还沉浸在新婚甜蜜中的她作对,婆婆患上了非常严重的骨质增生,生活不能自理。身为儿媳妇的她,自然毫不犹豫地背负起了照顾老人的重担,她柔弱的肩头一下子背负了两个重担——不仅要照顾老人,还要养育襁褓中的孩子。丈夫上班,她在家中,一边背着孩子,一边还要为婆婆洗衣做饭,端屎倒尿。由于婆媳之间沟通较少,老人家又因为身体原因变得脾气暴躁,所以陆敏荣时常受婆婆的气。但是陆敏荣心胸宽广,她不仅毫无怨言,还经常与老人聊天。面对儿媳妇无微不至的照顾,老人感动了,终于放宽了心,身体也慢慢康复起来。

俗话说得好,福无双至祸不单行,真是一波未平,一波又起。婆婆身体刚刚好转,公公又因为工作受了伤,患上了脑震荡后遗症,同样生活不能自理,还经常不定期地发作。陆敏荣天天寻医访药,累得面容憔悴。公公的病情得不到控制,随时随地可能会发作,陆敏荣每时每刻都做好了心理准备,夜夜睡不安稳,几个月下来,已经累得不成人形。2005年底,中年的陆荣敏又一次面对生活的变故——丈夫去世了。她放弃了去寻找新生活的机会,而是选择了用一生去照顾年老多病、没有收入的婆婆一家和年幼的孩子,她不希望自己的经历再在孩子身上重演!

这或许也算是新生活的开始吧!在她看来,虽然没有丈夫这根顶梁柱,可她一样可以用肩膀扛起这个家,公公婆婆便是她的亲人,她希望他们可以快乐地安度晚年。现在,他们一家的生活越来越稳定,婆婆年近九旬,却依然精神抖擞,身体健康。在旁人看来,这婆媳简直就是一对亲母女!

人人心中最基本的幸福就是身体健康、家庭美满,而陆敏荣却说:"我觉得自己很幸福,虽然人生道路有那么多坎坷苦难,但只要心中有对生命的感恩之情,就能够善待身边的人,只要能够帮助到别人,能付出爱,再多的苦难也会转化成幸福!"

不是亲生胜似亲生

在一般人的印象里,婆媳关系是最难相处的,儿媳和婆婆几乎成为天敌的代名词。可是贾学英这样一位平凡的农村妇女却用自己的行动重新诠释了婆媳关系。

贾学英,房县九道乡塘坊村人,是一位朴实无华的农村妇女。28年前,贾学英顶着极大的压力和王启伦结婚。王启伦经历婚变,家中只剩一个需要人照顾的小女孩,还有年迈多病的父母。当时的贾学英一结婚就要承担起照顾老小的责任。要换了别的姑娘,早就知难而退了。贾学英却毫不犹豫地嫁了过去,毅然开始了侍奉公婆,养育幼女的生活。

2004年,年迈的婆婆不小心摔断了胯骨。伤筋动骨一百天,何况老人年事已高。很长一段时间老人家需要卧床静养。贾学英日夜陪伴照料着老人。由于骨折疼痛难忍,不能动弹,躺在床上总保持一个姿势很难受。贾学英为了让老人家舒服一点,往往是彻夜不眠,一会儿把老人扶起,靠在自己身上,一会又给老人垫高枕头,半躺半卧,一会又让老人平躺在自己的胳膊上不断地帮助老人变换着姿势,让老人舒适一些,直到她慢慢睡去。在那段艰难的日子里,很多个夜晚都是这样度过的,劳累可想而知。但天亮了,贾学英又要马上起床洗衣做饭、操持家务,忙得团团转。但她从来没有抱怨过一句,没有喊过一次累。

贾学英照顾婆婆不怕累,也不怕脏。那段日子,婆婆有时会大小便失禁，贾学英每次都及时清理，及时给老人更换干净衣服，从来不让老人觉得难堪。为了让老人快点康复，多补充钙质，贾学英坚持背婆婆出去晒太阳，给老人按摩身体，搀扶着老人适度锻炼。在婆婆瘫痪的四年多时间里，天天如此，月月如此，就这样不断反反复复地为婆婆做接大小便、喂药喂饭、翻身按摩、洗衣洗被、穿衣脱衣等这些琐碎的事情。

在婆婆瘫痪的四年里，贾学英还学会了一招，那就是给婆婆缠腿取暖。因为老人家腿不能动，导致血脉不活，腿经常冰凉冰凉的。贾学英想了一招，就是为老人把棉裤扎在脚踝上，再用棉布把裤子层层缠好，这样可以保暖不会进风。老人感觉暖和多了。就这样，每天早上，贾学英多了一项功课，就是用一条长棉布快速、麻利地给老人缠腿，晚上睡觉之前再解开。四年多，这项功课从未间断。人

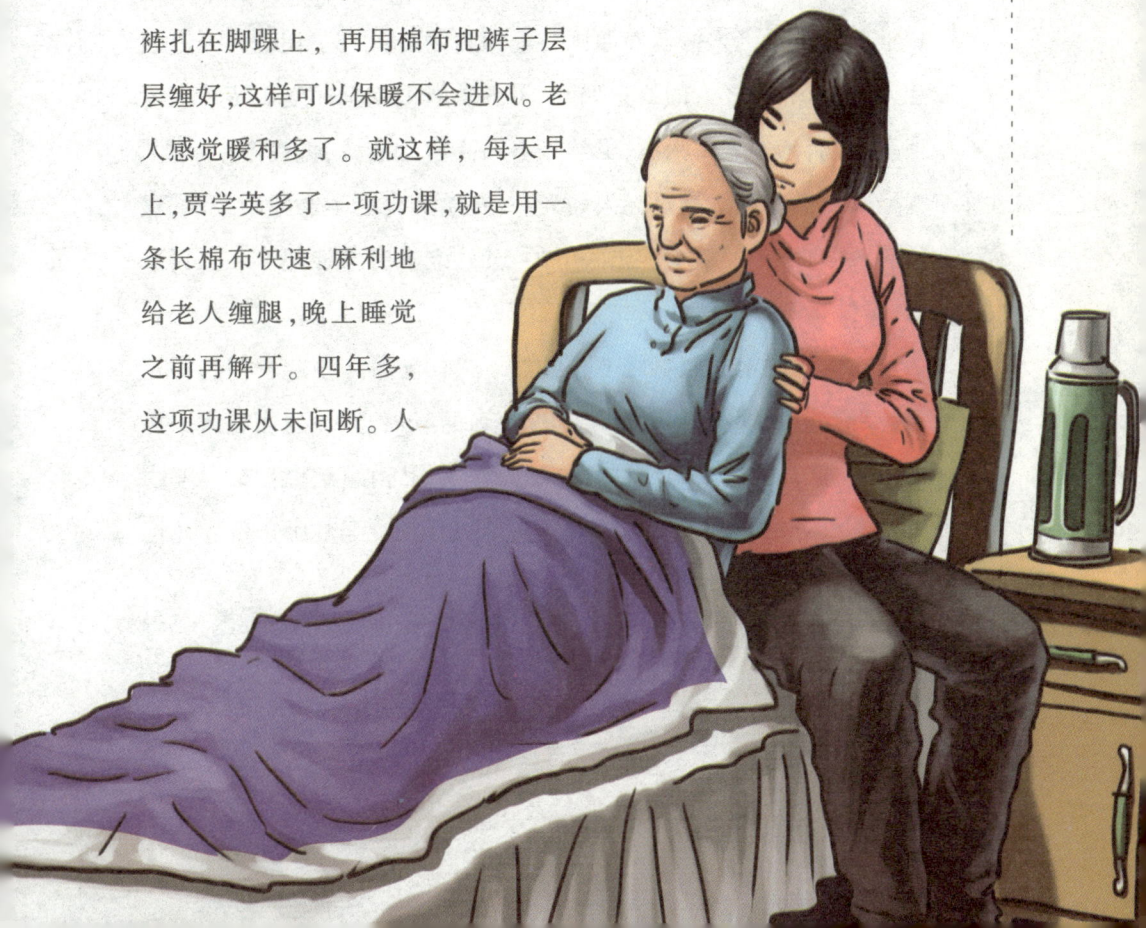

心换人心，在儿媳的照顾下，原来脾气暴躁的老人感动得直抹眼泪，亲生女儿又如何？也不一定能做到像儿媳这样贴心孝顺。

为了老人能身体康健，贾学英根据老人的喜好和营养好吸收的原则，想着法地调理老人的饮食。老人年纪大了，消化功能弱化，所以日常饭菜要本着吃软、烂、稀的原则，这样贾学英每顿做饭都要把菜、饭做得温软柔和，从不嫌麻烦。另外，由于老人摔伤了骨头，需要补钙，所以每天早上贾学英都给老人端上一碗热气腾腾的牛奶。除了一日三餐之外，贾学英会把一些零食放在婆婆的床边，以便老人随时都能吃上。这样，贾学英才能放心地去做家务、上工。贾学英除了给老人按营养原则搭配饮食之外，为了让老人开心顺意，还注意照顾老人的饮食偏好，不强求老人完全改变一辈子的习惯。比如，老人喜欢喝酒，虽然年事已高酒量渐减，但在中午、晚上都爱喝一点。为了满足老人的爱好，贾学英自己学会酿酒技术，农闲时，用自家产的粮食酿出香醇的土酒，老人时常能喝上一点自家酒，甭提多开心了。

在儿媳的精心照料之下，虽然老人四年卧床不起，但精神矍铄，穿戴整洁，谈笑自如，成了远近闻名的幸福老人。每当有人来探视，老人家都会抹着眼泪称赞自己的好媳妇，由衷地说："谁说婆媳关系不好处啊，要我说啊，儿媳不是亲生女儿，可是比亲生女儿还要亲，还要孝顺呢。"

至孝灯王的故事

中华民族自古以来就重孝道，古时就有陆绩怀橘遗亲、文帝为母试药等典故。这些故事滋养了一代又一代的中华儿女，在 21 世纪的今天仍然有类似的故事发生，感动着你我。

张锡光从小对灯颇为痴迷，几十年收藏了由古至今四千多年各时代的灯盏达千余件，在国内外都是罕见的，被誉为"灯王"。不过，使张锡光闻名遐迩的不仅是他的藏灯，还因为他是一个遵从中华孝道传统的"至孝灯王"。

张锡光家住淄博市张店区，他的老母亲由于喜欢清静独自住在张店区最南边的南定镇。老人家年岁已高，身体依然硬朗，精神矍铄。这都得益于张锡光这位孝子的悉心照料。

母亲独自居住，张锡光一直不放心，希望母亲和自己一起住，也好照料。无奈，老人执意要守在自己的"老窝"里。张锡光只得尊重老人的感情，经常往来探望。从张店城区去母亲住处交通不便，只有一趟 3 路车，尽管如此，张锡光在工作之余经常前去照顾。

2006 年，一向健康的老人家独立生活有了困难，主要是行动不便，脑子时而混乱，而且母亲一直就有吸烟的习惯，一旦出了事故，后果不堪设想。为了能无微不至地在生活上照顾母亲，张锡光决定每天往返张店与南定镇之间，从此他多年如一日，风雨无阻，被公交车售票员戏称为"铁杆乘客"。这一戏称，也饱含着人们对他侍奉母亲的敬佩之情。每天头班车上肯定有张锡光的身影，已成为乘务人员眼中一道不可缺少的风景。

光有孝心，还需要有"实践能力"才能把孝落在实处。张锡光在照料母亲的过程中，琢磨出一套颇有创意、讲科学的现代"孝顺之道"。

要想老人身体好，最重要的就是饮食得当。张锡光根据母亲的特点，又按照营养和易吸收的科学原则，灵活地给母亲制订了饮食标准。

首先，尊重老人吸烟和爱吃糖的习惯。这两样习惯在现代人看来是不利于身体健康的，对此张锡光却有独到见解。老人家身体好，首先要精神愉悦，尊重她的习惯，可以使她从精神上放松。再有，为了保证营养，张锡光每天给老人蒸鸡蛋羹，早晚各一个鸡蛋，保证蛋白质的摄取。另外，他每天都要给老人准备豆浆、果汁或者奶等营养饮品，还有睡前两粒钙丸，早晨一粒果维。主食是豆沙包、小包、水饺和米饭；副食是香蕉、胡萝卜和芋头，以防便秘。秋冬每天加上一块固元膏，或者巧克力和奶糖。夏天是红枣大米杂粮稀饭，冬天多喝骨头汤、鸡汤。

这么丰富多样又适宜养生的饮食，母亲吃得津津有味，身体也得益良多，多年没有过打针吃药的记录。可是为了做这些名目繁多的汤和面食，张锡光花了不少工夫钻研、摸索、实验。也许是对母亲的孝心激励着他，一个 60 岁的老男人，硬是练就了一双厨艺巧手。

在张锡光看来，老人家光身体好不行，还要想办法让老人家发自内心地开心、快乐。为此，他创办了为大家津津乐道的"侍母诗屋"，加强了和母亲的沟通，既是娱乐，又是对自己的鞭策。

这一构想开始于 2010 年 2 月。那时候张锡光发现母亲年纪大了，缺乏娱乐活动。怎么样才能丰富老人家的精神生活呢？张锡光开始琢磨，他想到老母亲识文断字，但年纪大看书多有不便，于是决定自己写一些东西给母亲看，他称之为"诗"。其实就是写一些日常琐事、日常所感，本身真实的东西就是最美的。为了便于母亲阅读，他把这些诗作贴在了母亲的屋子里，让老人家随时可看。老人家看着儿子写的这些"现实主义"的诗作，笑得合不拢嘴。

至今张锡光已有百余篇诗作，老母亲的屋子里贴了满满一墙。这些诗作，包含着对母亲的最真挚的赞美和热爱，比起那些流传千古的佳句名篇也毫不逊色，自有一番动人的美感。

张锡光的孝顺给后代做出了表率，他的儿孙们对老人家都十分尊重、孝顺，一有机会回家就去探望老人家。每当看着四世同堂其乐融融的情景，张锡光的脸上情不自禁地露出幸福的笑容。

岁月无减，人间大美

陈见荣是一个72岁的农村老妪，住在泊头市营子镇大二村。她只是一个普通的农民，却有着一段感人的故事。

54年前，花样年华的陈见荣和王德洵结婚，丈夫王德洵每天按部就班地去工厂上班，陈见荣一人操持着家务、干农活。这对于勤劳的农家姑娘来说，并算不上是难以逾越的困难。可是，比这更重的担子正摆在陈见荣的面前，王德洵的母亲去世多年，留下他年迈多病的老父亲无人照料，另外王德洵的两个叔叔也跟他们生活。这两个叔叔一个有智力障碍，另一个不但智障还聋哑。无疑，照料三位老人的重担也需要陈见荣一肩承担。面对困难的家境，在家里是老小，从小得到父母兄姐疼爱的陈见荣什么也没说，默默地挑起了家庭的重担。白天下地干活，晚上点着煤油灯为一家人缝衣服、做鞋子。丈夫、三位老人，后来又陆续添了4个孩子，9个人的针线活，单的、夹的、棉的衣服一缝就是几十件，鞋袜一做就是几十双。

公公是个直肠子，脾气大，一点儿小事就发火。在娘家备受父母兄姐疼爱的陈见荣不言不语，公公怎么说就怎么听，从不顶嘴反驳。公公身体不太好，冬天早晨空腹起床怕犯胃病，陈见荣就养了几只鸡，每天清早第一件事就是先给公公冲一碗热热的鸡蛋汤，待他喝了，她再去收拾屋子做饭。遇上如此贤惠懂事的儿媳，老人家内心非常感动。老人感动于她不仅在生活上照顾自己，还默默地忍受了自己的坏脾气和无名火气。天有不测风云。几年后，公公因病瘫痪，生活不能自理，寻医问药、喂饭洗衣这些事情都落在了陈见荣一个人身上。她像以往一样默默承担起来，毫无怨言地精心伺候。陈见荣知道瘫痪在床的人容易生褥疮，为了不让公公生褥疮，陈见荣每隔两三天就要为公公擦洗。床上的被褥，陈见荣过七八天就换上一次。抓药、熬药、喂药，陈见荣毫无怨言地细心伺候……辛苦自不必说，困扰更多的是来自于尴尬。为了给老人减轻心理负担，陈见荣决定自己先调整心态，告诉自己这个需要照顾的老人就是自己的亲生父亲，怀着这样的敬意和感情，她每天给公公翻身、清洗，越来越自然，老人慢慢地也放下了心理负担。后来老人家在弥留之际仍拉着陈见荣的手，慈祥地注视着她，带着满足的微笑离开了人世。

王振财是丈夫王德洵的四叔，有智力障碍，生活自理能力很差，吃饭、洗漱、睡觉等这些日常小事都不能主动顺利地完成。这样下去，老人的身体怎么受得了？于是，陈见荣注意留心照料这位叔公的生活。平常的日子里，陈见荣照顾傻叔公一日三餐，按时伺候他洗漱睡觉，带他到田地，一点一滴地教他怎么种庄稼。真情暖人心，渐渐地，叔公性情有所变化，变得积极主动起来，不仅知道按时吃饭作息，而且精神好时也自觉帮助陈见荣干一些力所能及的活了。这一变化让大家都觉得欣喜不已。有一次陈见荣和傻叔公去地里干活，没想到他一不小心摔断了胯骨。陈见荣和家人连忙把他送到医院做了手术。术后，需要卧床休息，以待恢复。在此期间，陈见荣像伺候公爹一样伺候叔公，熬药、喂饭、洗脚、伺候大小便，从不含糊，直到一年多后叔公痊愈。如今，老人家81岁了，身体仍然很

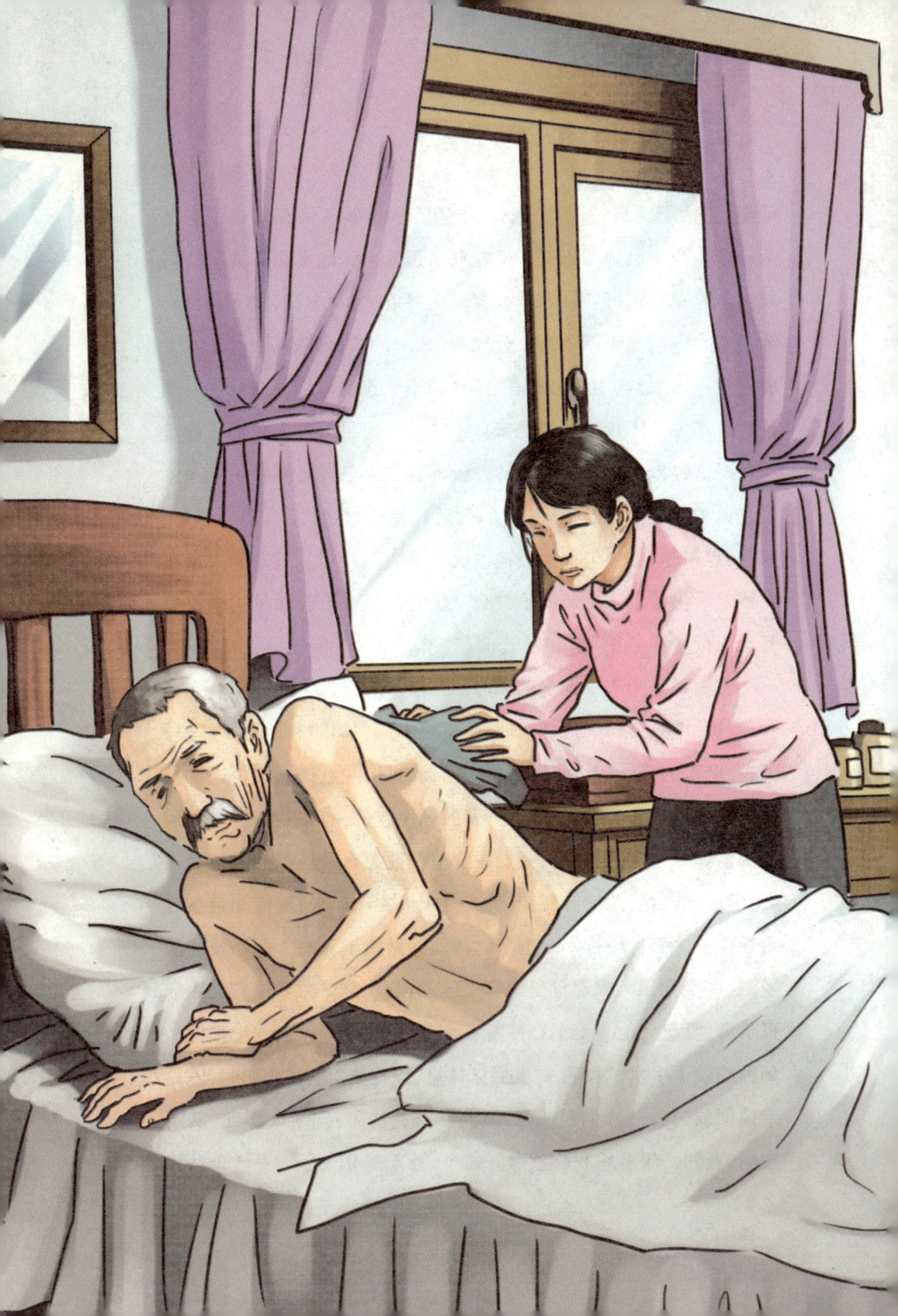

硬朗，乡亲们都说，如果不是陈见荣的悉心照料，老人家现在也许还瘫痪在床呢。

除了这位亲叔公之外，还有一位远房的叔公，这位叔公的情况更加特殊。哑巴叔公是王德洵的一个本家远房叔叔，不但哑，而且智障，今年77岁。伺候这样一位老人的困难可想而知。因为聋哑，导致彼此的交流不畅，再加上老人的脾气暴躁，更是难以沟通。在一个阳光明媚的中午，老人家着急地喊陈见荣，对着陈见荣挥手比划，陈见荣的理解是"我的眼睛被尘土迷了"，尘土迷了眼也不用这么着急啊。陈见荣觉得不对，感觉自己的理解可能有偏差，于是赶紧带他到乡卫生院，果不其然，诊断结果是眼角膜破裂。卫生院看不了，陈见荣忙给家里捎信，借钱带哑巴叔公去市区医院看病。由于交流不畅，老人家并不了解情况，手术后回到家仍情绪激动，不吃不喝，不让打针治疗，比划着"说"自己的眼睛是让陈见荣带他到医院里看病给"看瞎"的，对她愤恨不已。一天陈见荣正做着饭，不提防哑巴叔公拿了根擀面杖向她扔来，幸亏她手疾眼快跑了出去，才没被打着。惊魂未定的陈见荣吓得不敢回家。哑巴叔公的姐姐听到这件事，心里很是愧疚，把他原来的房子收拾了收拾，准备让他自己回去住。可老人家无论如何也不愿离开这个家，他依恋这个给他无数温暖的家啊。几个人拉他，他双手扒住门框，陈见荣又气又乐，劝说众人"算了吧，别难为他了"，哑巴叔公又留了下来，陈见荣买了大堆的药，让他在家静养，还是该怎么伺候就怎么伺候。

50余载时光转眼即过，陈见荣如今也是74岁的老人了，虽然她仍旧保持着"不着急""不抱怨"的心态，但毕竟年纪不饶人，有些体力活儿她也"憷头"了。就在这时，儿媳成为她的得力助手，接过老人的"接力棒"，继续为几位老人劳累着。

老人的儿媳叫解巨玲，因为丈夫是老师，除了工作以外很少有时间照顾家里，于是她便跟婆婆一起挑起了这担子。不仅如此，家里的15亩地和几百棵梨树几乎是她一个人在打理，男人的活儿女人的活儿她一个人全包了。

解巨玲说，她亲眼看到婆婆给老人们理发、洗脚，精心安排饮食，这种日常生活中的点滴是最好的教育。现在婆婆年纪大了，别的不说，揉面蒸馒头之类的活儿都很费力气，所以她现在也只能留在家里帮着婆婆干活儿，再也不能像原先那样出去打打零工，"一天挣几十"了。

陈见荣的儿子王荣先说，他总也忘不了母亲年轻时受的那些累。现在他也有自己的儿女，孩子们只要回家，都跟老人们很亲，还专门给老人们买蛋糕、糖果等。在他看来，照顾这两位老人是他这个家庭的责任，是"天经地义"的。

时间荏苒，转眼半个多世纪过去，陈见荣已经由原来的红颜变为白发苍苍的老人。但岁月却丝毫没有剥减掉陈见荣的美，也许是厚重朴实的土地的滋养，使这样一位普通的农妇散发着一种质朴无华的美，这种美足以砥砺岁月的沧桑，恒久常新，这是人世间最为难得的至善之大美。

孝行半世纪，感动几万人

今年72岁的刘善峰老奶奶是潍坊市一个小村镇的名人，已步入古稀之年的她却还照顾着年已近百岁的婆婆巷彩云老人，她用几十年如一日的默默付出为我们解释了"孝"的含义！

刘善峰老人一家住在一个普通的农家小院里，老人个子较高，头发也已白了大半，但看上去精神很好。年已百岁的巷彩云老人在儿媳妇刘善峰的精心照顾下，尽管有些听不见，有些看不清，但可以与人进行简单的聊天。

谈到婆婆巷彩云，刘善峰老人用充满敬佩的口气说："她30岁那年丈夫就去世了。她孤身一个人把两个女儿、一个儿子拉扯大，真不容易。"十多年前，由于年龄较大，巷彩云老人便不能下地走路了，每天只能躺着或者坐着。坐的时候，刘善峰老人就在婆婆的背后垫一床被子，尽量让老人靠得舒服点儿，而坐的时间长了，老人的腰就特别硬，得躺一躺。因此，照顾老人的起居，为老人端屎端尿、喂饭梳头就成了刘善峰奶奶每日必做的事情。

自从刘善峰老人的丈夫因突发心梗去世后，照顾婆婆巷彩云的工作就更重地压在了刘善峰老人的身上，一位七旬老人去照顾另一位百岁老人，刘善峰并未表示出任何的担忧与抱怨，而是一直悉心照顾着婆婆。

当巷彩云老人谈到自己的儿媳妇刘善峰时，巷老人就会高兴地说："我儿媳妇可好了，18岁就嫁过来了，这么些年了，就没跟我红过脸。"

刘善峰老人还有一个活泼可爱的小孙子，今年7岁，总喜欢围
着太奶奶转来转去、与太奶奶黏在一起。孩子的母亲，也就是刘善
峰的儿媳妇邓秀梅，在刘善峰老人的心里同样是一位懂事孝顺的
好儿媳。由于孩子刚上三年级，夫妻二人在外打工，因此三口人很
少回家吃饭，而刘善峰老人的身体又不太好，去年曾因为心脏病住
了三次院，却还要照顾家里的巷彩云老人，因此午饭就成了一个难
题。为了给婆婆减轻负担，邓秀梅就每天早上提前把午饭准备好，
这样刘善峰只要中午把饭热一热就可以
了。对孝的传承，让这一家人的脸上无论

何时都洋溢着灿烂的笑容。

"刘善峰恭恭敬敬地伺候自己的婆婆几十年了，全村人都知道。"与刘善峰老人同村的赵师傅说着还竖起了大拇指，赵师傅的语言和动作里充满了对刘善峰老人的敬佩与赞扬！

刘善峰老人与丈夫生有四个女儿和一个儿子，四个女儿都已相继出嫁，但每逢过节，她们都会回家看看，同时，巷彩云老人的儿孙们也都会来看老人，家里十分热闹红火。如今，老人最大的一个重外孙也已 25 岁，再过几年家里就要五世同堂了。刘善峰老人的儿子和儿媳妇在外打工，努力工作的小两口养活着一家五口人，孝顺懂事的儿媳妇更是刘善峰老人的骄傲。如今，刘善峰老人与儿子、儿媳、孙子、婆婆住在一起，这个家庭里总是充满了欢乐的笑声。

"百善孝为先，孝为德之本。"刘善峰老人用几十年的默默坚守与辛勤侍奉让中华民族的优良传统——孝得到了最大程度的发扬。

刘善峰老奶奶用半个世纪的孝行，用实际行动感动着身边的每一个人。

歌声里的亲情

"家是沙漠里的骆驼，家是游子耳旁慈母的细语……"、"养儿才知父母恩，血浓于水根连根……"动人的歌曲里饱含了在外打工的儿子对家乡和母亲的思念，歌曲的作者就是四川省内江市东兴区杨家镇铁炉村的村民——一位普通的进城务工人罗平，从2004年起，在外打工的罗平就坚持为瘫痪在床的母亲写歌祝福，而这一坚持就是整整八年。

罗平高中毕业后背起行囊，怀揣着自己的梦想，踏上了打工的路。重病在家的母亲却是罗平心里沉沉的牵挂，思念和担忧都汇集在罗平的每一首歌中。

2004年6月的一天，当时罗平正在东莞的一家鞋厂工作，正在工作时，突然工长喊他说老家来电话了，他的母亲病了。电话是邻居打来的，说是他母亲在下地干活时突然晕倒，经医生诊断为瘫痪。罗平顿时瘫坐在地上，泪水打湿了衣衫，对母亲的思念更加的强烈，但他告诉自己要坚强，因为自己必须留在这里赚钱，才能治好母亲的病。于是，罗平将自己所有的钱和借来的几千块钱全部给母亲汇了回去，而自己则是强忍着对母亲的思念只身留在东莞打工。

接下来的日子里，罗平将自己打工期间的所有苦闷以及对母亲的所有思念写进了一首歌里——《让我回家》："家是沙漠里的骆驼，家是游子耳旁慈母的细语……"而他的这首歌也唱出了所有为

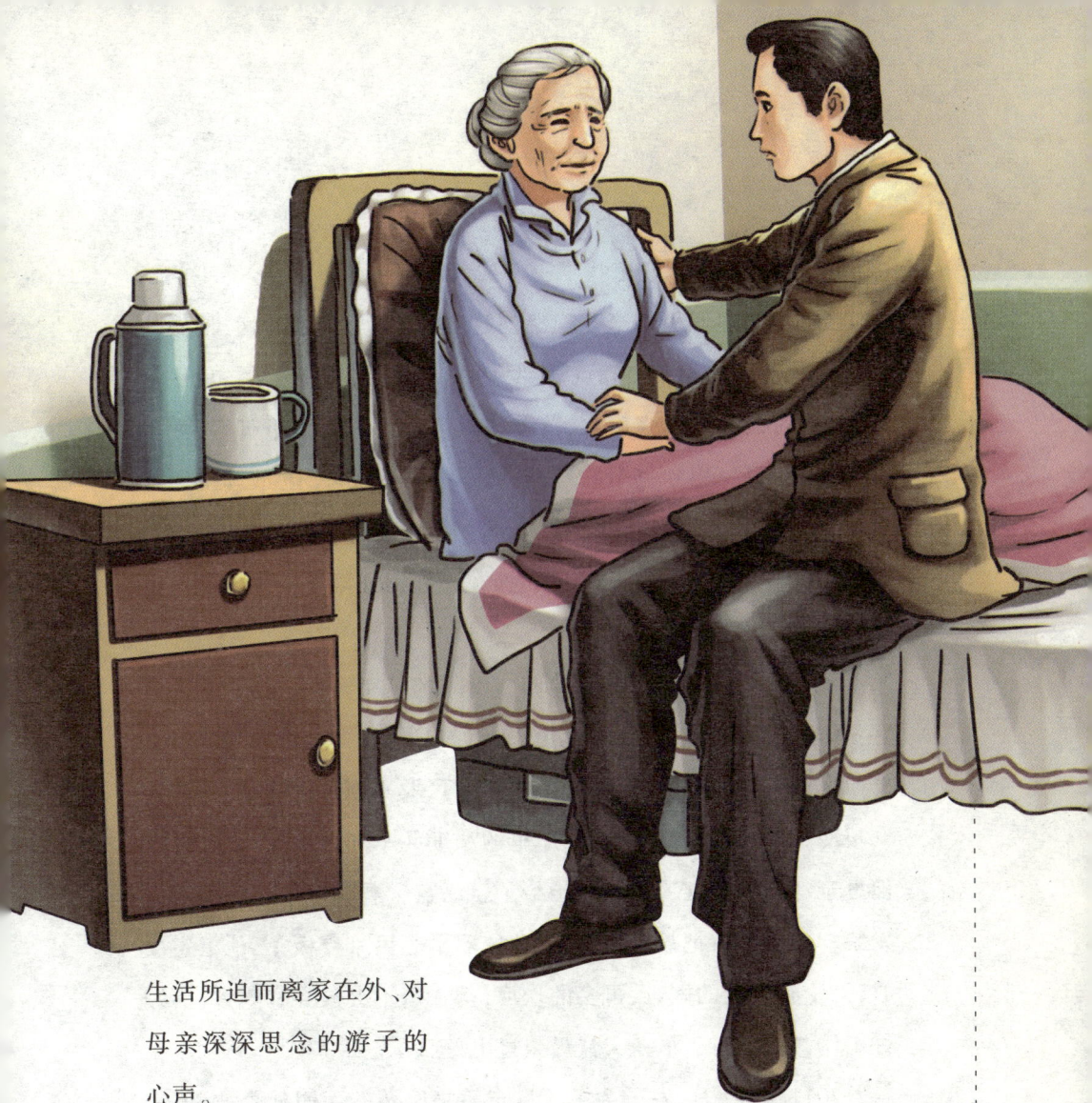

生活所迫而离家在外、对
母亲深深思念的游子的
心声。

　　其实，罗平写歌还有另一个原因，就
是想把自己的歌唱给母亲听，能减少母亲身体的病痛。每当母亲
在电话里听到儿子的歌声，也总是笑得合不拢嘴，病也仿佛好了
许多。

　　2009 年 8 月，由于收到母亲再次病危的消息，罗平立刻从广
东赶回内江看望母亲，然而自己的钱却远远不够为母亲治病，无奈

之下,罗平只好返回广东找了一份按天结工资的零工活。零工的工作十分艰苦,但罗平却毫不抱怨,只要能赚钱为母亲看病,他做什么都心甘情愿。为了多省点钱,罗平每天只吃一顿饭,饿了就用水充饥,有时因为工作强度大,营养却跟不上而感觉头重脚轻、力不从心时,罗平一想到家中的母亲,就会努力地咬咬牙,继续卖力地工作。一次罗平回家看望母亲时,看到消瘦的儿子,心疼的母亲立马抱住儿子哭了起来,母子俩相拥在一起泪如雨下……这是何等深切的母子之情啊!

罗平的另一首动人的歌曲叫《女人的名字》——"你有一个名字:母亲,哺育着孩儿,让孩儿免于苦难和艰辛。"这首歌是罗平有感而发即兴创作的。当时是2010年1月,罗平回家看母亲。那时天气很冷,家里没钱,买不起炭,屋里的温度几乎和外面差不了多少。但母亲却把家里唯一的厚被子给了自己盖,看到母亲被冻得嘴唇发紫却依然坚持把被子让给自己时,罗平心里难受极了,他下定决心,无论有再大的困难、再多的坎坷,都一定不会放弃和气馁,要好好工作,拼命赚钱,早一天让母亲过上好日子。

2011年12月,罗平为了给母亲筹集医药费而四处奔波,但最终却毫无进展,这让本就债台高筑的罗平瞬间陷入绝望。此时罗平的内心非常痛苦,于是他写下了《病母晴天》——"母亲啊母亲,请你放宽心。前路或许是风和雨,有儿在天天都会是晴天……"

罗平将自己对母亲的爱写进一首首动人的歌里,让更多的人体会到了母子深情和儿女对父母的感恩之情,一路走来,罗平经历了很多艰辛和苦难,但是他始终没有放弃。如今,罗平在成都找到一份酒店礼宾员的工作，他依然在为了让母亲早日过上好日子而不断地努力着。

你是否也曾想到过在世界的一个安静的角落，有一个儿子为了自己的母亲卖命地工作，有一个儿子为了自己的母亲坚持写歌，有一位母亲生活在儿子一首首动人的歌曲里，有一对母子生活在浓浓的亲情间。

忠诚"锁"心间，群众利益高于天

　　刘长锁，是一名普通的人民警察，是一名忠诚的人民警察，是一位光荣的人民子弟，现为天津市公安局红桥分局丁字沽派出所社区民警。自从 1979 年参加工作以来，刘长锁就以社区为家、将群众当亲人，先后帮助照顾孤寡老人一百余人、残疾家庭四十余户、困难群众三百余人。他通过自己的实际行动践行着一名人民警察的忠诚，完美地诠释了"人民警察为人民"的真义！

　　1979 年，刘长锁 20 岁，经过多年的努力学习，风华正茂的他如愿地实现了自己年少时的理想，成为天津市公安局红桥分局丁字沽派出所的一名社区民警。从第一天工作开始，他就深入社区，了解社区里每一户家庭的情况，把那些孤寡老人、军烈属家庭记在心上。对自己职业的热忱与对人民群众的爱让刘长锁在第一次进入社区时就将自己的心与群众的心紧紧联系在了一起，从此，他立下志向：一定要做个好民警，做好自己的每一份工作，尽到自己的每一份责任，无愧于脚下这片生他养他的土地！

　　为了让社区的老人生活得更加舒心、放心，同时督促自己的服务更加到位，刘长锁自 1993 年起，开始与社区内的困难及孤寡老人签订《协议书》，《协议书》的内容涵盖了老人生活的方方面面。与此同时，他不仅按照《协议书》规定的内容帮助照顾老人，还经常做好饭菜给老人送去，陪着老人唠家常，搞卫生，做家务，像亲人一样照顾他们。节假日他来到老人家中送祝福，与他们共同度过一个个快乐、充实、温暖的节日。19 年来,他先后和社区内的 152 户困难群众签订了帮扶协议,也正是刘长锁这种心甘情愿的付出、不求回报的奉献,让那些渴求温暖的老人得以安度晚年。

14 年前,刘长锁在入户调查时遇到了这样一个家庭:一家三口都是残疾人,儿子小洪患先天性聋哑痴呆,并患有精神疾病,发作起来难以管束。刘长锁当即便决定每个月给他们一些经济帮助,同时,在和小洪父母商量后,决定把小洪送到福利院养护。然而当刘长锁冒着大雪来到福利院时,却被告知福利院住量已满,但是刘长锁并没有气馁,过了两天,他又一次来到了福利院,在足足等待了一个小时后,被刘长锁的执著感动了的院长走出来接待了刘长锁。最终工夫不负有心人,在刘长锁的软磨硬泡之下,当他第六次来到福利院时,院长告诉他:"明天把孩子送来吧,但我有个条件,你得给我们全院职工讲一堂课,就给我们讲讲你和这个孩子的故事。你是我们学习的榜样。"

1998 年,88 岁高龄的孟昭慧老人搬到刘长锁的管片儿居住,由于老人年事已高且儿女都不在身边,刘长锁就主动上门表示:"我是这儿的片儿警,您就把我当成您的儿子,有什么事您只管找我,我会尽我所能帮助您。"此后,他还经常用轮椅推着孟老外出游览,让这位原本孤独的老人每一天都怀揣好心情。在弥留之际,孟老深情地拉着刘长锁的手让他收下自己的轮椅做礼物,而这把轮椅也是刘长锁几十年来收下的来自群众的唯一礼物。这礼物虽不贵重,但无比的珍贵,这其中凝聚着刘长锁身为民警对民众的点点滴滴的关怀。

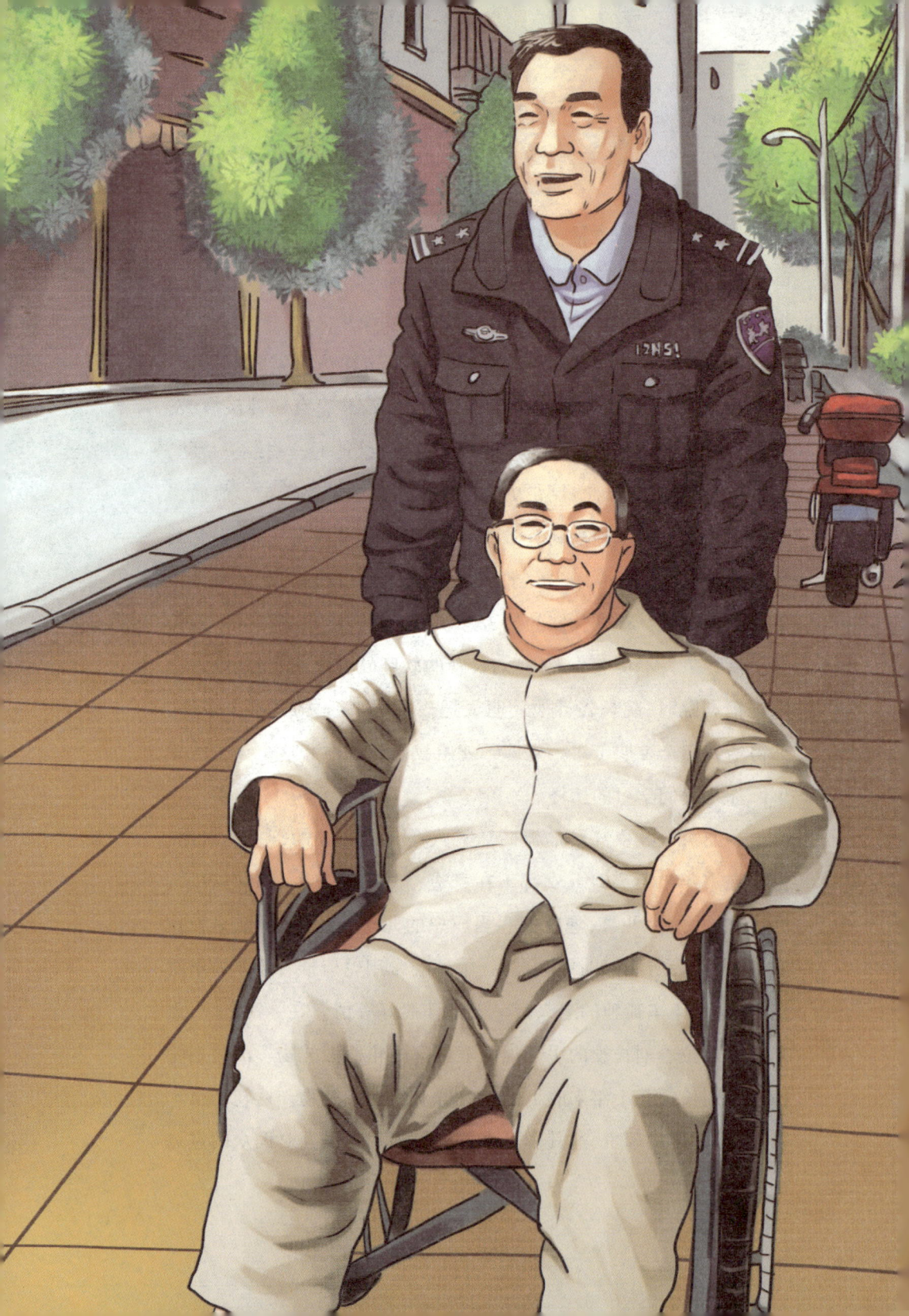

在"三访三评"深化"大走访"活动中,刘长锁积极响应,切实深入社区,采取入户走访、召开座谈会等形式,虚心倾听居民的意见和建议。这期间,他认识了刑满释放人员老郭。老郭自身有残疾,还要只身抚养一对儿女,生活十分困难。2012年春节前夕,刘长锁带上米、面、油、鱼、鸡蛋、馒头来到老郭家给老郭拜年,老郭激动地说道:"我是犯过罪的人,亲朋都远离我,真没想到民警给我拜年。"临走时,他拿出300元钱递到老郭手里。春节刚过,老郭便来到红桥分局,向分局领导送上了一面锦旗,上书"深情解民难,警民一家亲"。

"群众在我们的心中有多重,我们在群众的心中就有多重;我们对群众的感情有多深,群众对我们的感情就有多深。"这便是刘长锁的工作理念,他用几十年如一日的付出,为辖区居民解决困难和问题,同时也赢得了群众的拥护与支持。在群众眼里,刘长锁就像自己的家人、自己的孩子、自己的兄弟,有困难都愿意找他谈谈、聊聊,因为他总是把别人的事当成自己的事,大家高兴了,刘长锁的脸上也会乐开花。

2011年以来,有了刘长锁尽职尽责、毫无抱怨的无数付出,小区没有发生一起治安案件。这是怎样一份难能可贵的成就啊。就是这样一个普通的民警,却赢得了群众无数的赞扬,因为在他心里群众就是他的亲人。我们的社会里多一些这样的民警,人民的生活一定会变得更加美好!

孤老大孝子，人民好儿子

陈德骅今年 53 岁，中共党员，三级警长，现为上海市普陀区桃浦派出所社区民警。

1997 年 2 月 16 日，小区居委会刚成立，陈德骅就到岗了。莲花公寓本是一个烂尾楼小区，当时路面坑坑洼洼，水、电、煤都得不到正常供应。这里的居民大多是从各个地方动迁来的，不少人生活都比较困难。小区里老人多、残疾人多，大家相互不熟悉，人情比较冷漠。

刚开始上班，陈德骅就遇到了很多棘手的问题，诸如电和煤气不通、电视屏幕上一片"雪花"、一小时等不到一班公交车等，道道都是难解的题。于是，他决定挨家挨户走访、了解每户居民的家庭情况。

一次日常巡逻，陈德骅目睹了不寻常的一幕：一个孩子不慎把咬了一半的饭团掉在地上，想不到一位老人竟捡起饭团，擦了几下就往嘴里送。"这个阿婆太可怜了。"陈德骅一路跟在老人身后，直到把她家的门牌号记在心里。这位独居老人姓杨，当年 82 岁，6 名子女都不愿赡养，以致老人晚年凄凉。陈德骅主动承担责任，逐个找杨老太的子女谈话，忙活了大半年，却一个也说不通。一气之下他建议老人打官司告子女，还建议普陀区法院把法庭开进莲花公寓小区。经过一番努力，终于让这 6 个子女共同出资把老人送进敬老院。此后，陈德骅每月都带妻女去看望杨老太。前几年老人离世

114

时，也是陈德骅送了她最后一程。

"我当时就觉得服务老人是个大问题，于是和居委会商量调查一下。不查不知道，一查吓一跳，小区里没有人照顾的孤老竟然有21位。"从此，陈德骅就成了孤老们最为贴心和孝顺的"儿子"。

潘燕秋老人没有子女，每次陈德骅去看他，都要陪他说上大半天话解闷。陈德骅还帮他通了煤气，安了纱窗，装了电话，替他承担了每月的电话费和医药费。老人每次生病都是陈德骅送他去医院看病，在病床前看护照顾。一次老人大便不通，肚子胀得难受，陈德骅想也没想就蹲下去要帮他掏便。"老人哭了，颤颤巍巍地要跪下，

我吓得连忙把他扶住，跟他说'这怎么行，这怎么行！'"那时陈德骅穿的是便服，其他病人都以为他是老人的儿子。

这样的故事，多得数也数不清。

三年后，派出所领导体恤陈德骅工作辛苦，考虑让他调离这个"折腾岗位"。想不到，老人们闻讯集体到派出所"上访"，软磨硬缠要他留下。"再派一位优秀的民警接替？""两个民警换他一个？"可老人们说什么也不同意，这一留就是14年。

尽管付出许多，但陈德骅觉得收获更大。他常常说："老人实在可爱。"他每年夏天都要给孤老送三次西瓜，每次买40个。每回挨家挨户送上门，总有个爱捡垃圾的高妈妈紧随其后，提着一袋冷饮慰问他。陈德骅劝高妈妈别破费，高妈妈却生气地说："你送西瓜，我送冷饮，这叫鼻涕往嘴巴里淌——顺流！"

还有一件趣事。一名阿婆曾在公交车上摔成右肩粉碎性骨折，右臂从此不能举起，成了"独臂孤老"。阿婆请"儿子"陈德骅帮忙张罗打官司的事，自己却绑着绷带当社区志愿者，逢人就说："烦人的事交给'儿子'处理，我帮他为社区服务。"

不少老人觉得对陈德骅的义举无以为报，要立遗嘱把房子和财产留给这个"民警儿子"，但他总是耐心地劝服老人捐赠给公益事业。陈德骅认为，"百善孝为先"，一个"孝"字，不但拉近了他与居民之间的感情，更让他找到了一把破解小区管理难题的金钥匙。

派出所同事帮陈德骅算过账，他在岗14年，自费为老人和社区困难群众花的钱加起来不止20万元。除了每年夏天送西瓜、中秋组织出游、除夕请吃年夜饭等"固定项目"，他还常常为孤老垫付医药费,平时塞点生活费。

自己的钱,陈德骅并不看重,有一句话他常常挂在嘴边:"帮助有困难的人和事,换了你也会这样做。"

小区的面貌在各方努力下逐步改善,在陈德骅的影响带动下,小区的风气也越来越好。"在我们小区,如今谁不尊重老人,欺负老人,谁就像过街老鼠。"梁慧丽说,莲花公寓小区一共 2800 多户人家,如今结成的帮困扶老对子竟有 400 多个,比例极高。小区的居民对公共事务也越来越热心,老人们积极参加义务治安巡逻,新近退休的王荣坤最近也加入志愿者队伍,天天在小区执勤。七八年来,小区的失窃现象大大减少。2010 年,陈德骅被授予"中华孝亲敬老楷模"称号,他是自民政部开展这项评选 8 年来上海地区唯一一名获奖者。

以敬老之心，谱人间大爱

　　天津市西青区王稳庄村住着一名普通的农家妇女，深受村民的尊敬与称赞，她叫陈艳萍。二十多年来她一直对家里的五位老人和一个残疾小叔子精心照顾。

　　陈艳萍的大家庭里，有公婆、公爹的两个哥哥，以及她的智障小叔子。由于老人们身体都不好，陈艳萍就主动承担起了照顾老人们与小叔子的工作，她每天起早贪黑，又苦又累地照顾着家人，而耐心孝顺的她却丝毫不曾抱怨，有时累了嘴里就哼哼歌，和人开个小玩笑，自得其乐，并把这些快乐传递给了身边的每一个人。

　　记得那是 1996 年，70 多岁的大伯公被查出胃癌晚期，由于大伯公妻子没有生

育能力，他们之前过继了智力上有些问题的侄女做女儿，因此重病的大伯公并不能得到很好的照顾。而这一点被细心的陈艳萍看在眼里，她与丈夫商量把大伯公接到家里来，可丈夫并不同意，说："你已经够累了，别把自己的身体累垮了。"但她微笑着耐心地劝说道："我们都是亲人，如果连亲人都不能伸手帮忙，还有谁会帮助他们，他们将如何生活。"丈夫只好同意把大伯公接到自己家里以方便照顾。陈艳萍更是将大伯公的饮食、生活、起居照顾得面面俱到，直到老人安详地离开人世。

2001 年，陈艳萍的公爹得了肝炎，并且很快就转成了肝硬化，截至 2004 年公爹寿终，在家疗养的两年多时间里，她始终忙前忙后，将公爹照顾得无微不至。为了打开老人的胃口，她总是变着法儿地做各种饭菜，为了节约开支，自己却总是吃一些野菜。在公爹不能自理的最后时期，她更是专心守护，为公爹喂饭、喂水、喂药，而且勤换衣服，从不嫌脏嫌累。当她快要倒下

的时候,她就告诉自己,不能倒下,亲人都在看着自己,都在需要着自己。

陈艳萍的二娘婆婆由于年轻时患了精神疾病,时常精神恍惚且频繁发作,发病严重时更是连人也分不清、不辨屎尿,经常把自己弄得又脏又臭,其他人都不愿意接近她,而善良孝顺的陈艳萍却从不嫌弃二娘婆婆。每次犯病时,她总是耐心地劝慰并照顾着她,有时还给她唱唱歌,讲讲故事,自己受了委屈也从不生气。

"我能活到现在,多亏了儿媳妇伺候得好啊!"这是陈艳萍的婆婆逢人就讲的一句话。陈艳萍的婆婆从小便得了羊角风,每次犯病都会口吐白沫、全身痉挛,令人看了十分心疼。为了缓解婆婆的病情、减少婆婆的痛苦,陈艳萍对婆婆的日常生活以及衣食住行安排得十分精心,而且从来不让婆婆干家里的脏活累活。也正是由于婆婆的心情越来越好,犯病的次数也越来越少,当人们把这些功劳都归于陈艳萍时,她总是笑着谦虚地说:"这些都是当晚辈应该做的。"她应该做的事太多了,做的每件事都让人敬佩不已,有时让人流泪。

陈艳萍的小叔子只比她小3岁,不仅患有智障残疾,而且在五六年前还患上了糖尿病,两年前由于病情加重卧床不起。照顾小叔子的工作就理所当然地落在了陈艳萍的身上,自然陈艳萍对这一工作也毫不推脱、尽心尽力。村里有好多人都开始说闲话了,但她不在乎。她每天除了照顾好小叔子的起居和一日三餐外,在小叔子大小便失禁时,她还必须为其擦净身体。尽管如此,她也毫无怨言,她已经将照顾小叔子当成了自己的责任。慢慢的村里人不再说了，更多的是赞扬、敬佩。

由于受到母亲的影响，陈艳萍的孩子也特别懂事，在自己学习之余，还帮着妈妈伺候老人们，而这也带给了她莫大的欣慰。

这就是朴实善良的陈艳萍，她已将敬老爱老融入了自己一生的行动之中，她的孝心所有人都看在眼里，而这种高尚的情操，更值得所有的人去学习！

孝亲因为有大爱

孝亲是什么？大爱又是什么呢？二者又有什么样的关系呢？

在我国江西省遂川县，有一位远近闻名的孝子，他的名字叫周贺华，是大汾国土所的副所长。

周贺华出生于1976年，现在已有三十多岁了。他出生在一个极为普通的农民家里。父亲名叫周恒淦，是一名退伍的军人，转业后一直在县供销社工作；母亲名叫刘桂英，是县供销社生资公司的售货员。周贺华家中生活并不富裕，但他们乐观向上，待人友好和善，受到了周围乡亲们的喜爱。周贺华从小在农村长大，心地善良，乖巧懂事，孝顺父母；再加上父母的教育和感染、周围敬老孝亲的人和事，耳濡目染，逐渐养成了尊老爱幼的好脾性。

周贺华学习十分刻苦、认真，考上了江西财经大学，在江西财经大学九江分院毕业。毕业后，张贺华先后在西溪国土资源所和堆子前国土资源所工作。经过兢兢业业、勤勤恳恳的认真工作，在2006年当上了大汾国土资源所的副所长。

在周贺华当上大汾国土资源所副所长两年后，家中一向身体健康的父亲因心肌梗死而去世。周贺华一家人陷入了莫大的痛苦之中，特别是母亲刘桂英，日日夜夜思念已逝的老伴，夜不安寝。在接下来的十多天里，母亲以泪洗面，茶饭不思，看起来一点儿精神也没有，并且越来越消瘦，身体十分虚弱。一家人一边为父亲料理后事，一边还要照顾身体虚弱的母亲，整日沉浸在巨大的悲痛之中。

后来，周贺华因不放心母亲，把母亲送往医院检查。经医生诊断，母亲刘桂英是因为受到父亲去世的突如其来的严重打击，患了脑血栓并导致中风，有极大可能瘫痪。这病一查出，原本就沉浸在悲痛之中的李贺华一家人更是又蒙上了一层伤感。从小就有责任感的周贺华，忍着失去父亲和母亲生病的巨大痛苦，毅然承担起了照顾母亲的重担。

母亲住院的时候，周贺华既要照顾虚弱的母亲，还要做好国土局的工作，他恨不得把自己掰成两个来用。但最后，他还是把绝大部分时间和精力安排在照顾母亲身上。他每天都坚持给母亲送饭送水，打针换药，搀扶着去上厕所；在家的时候，周贺华更是对母亲寸步不离，整日守在母亲身边。不仅如此，周贺华还利用工作之余，挤出时间陪母亲聊天，安慰她，鼓励她，帮助母亲早日从失去丈夫的痛苦阴影中走出来，恢复了原本乐观快乐的样子。工夫不负有心人，经过周贺华的悉心照顾，母亲很快便出院了，但行动仍旧不利索。当母亲刘桂英看到儿子周贺华忙里忙外地干家务活、工作十分辛苦、劳累，像陀螺一般，十分心疼儿子，所以就想着回到家后帮儿子分担家务。

没想到，刚回到家中，母亲就不小心摔断了腿，又一次住进了医院。由于母亲在 2000 年的时候查出患有轻度糖尿病，伤口无法愈合，所以不合适开刀做手术，只能保守治疗。到现在为止，母亲刘桂英的腿脚仍然疼痛、麻木、无力，双脚不能行走，行动不能自理。

一开始，照顾母亲的最大的一个难题就是给母亲洗澡的问题。毕竟是男女有别啊！刘桂英怎么也不愿意让儿子周贺华给自己洗

澡擦身,但她自己却是心有余而力不足啊!终于,经过儿子和亲友的几番劝说,刘桂英放弃了世俗的观点,同意让儿子周贺华来给自己洗澡擦身。到夏天的时候,周贺华每天都要给母亲刘桂英洗澡或擦身;而到了冬天,虽然母亲怕冷,但周贺华仍坚持帮母亲在一周或半个月的时候洗个澡。

在夏天里,周贺华因为白天腾不出时间,只能在晚上做家务。每次都要洗完衣服才肯休息,忙到十一二点才能干完。睡觉时,蚊虫对他的叮咬,他没有丝毫感觉。到了冬天,周贺华更是辛苦。每天,他都要顶着刺骨的寒风,从50公里以外的大汾赶回家,为母亲洗衣做饭,冻得他浑身直打哆嗦,他也不在乎。在周贺华的心里,母亲是最重要的。母亲刘桂英的爱常温暖着他、照耀着他前行,现在他要去回报母亲、感恩母亲。

周贺华每天的生活基本上都是连轴转。因为母亲患的是糖尿病,生活要有规律,要少食多餐,所以必须每天准时、准点地吃饭,否则就会营养不良而导致突然晕倒。糖尿病病人吃的饭可没有普通人吃的那么简单。早餐,必须吃得精细。早上6点,公鸡刚刚打鸣之时,周贺华就得起床煮粥,再弄些馒头、包子。周贺华自从母亲病了之后,就极少外出应酬,如果实在不能推脱,他就找时机借口说家里有点急事,赶回去给母亲做好饭,再赶回来应酬。如果天气十分晴朗,周贺华就会挤出时间扶母亲起来,推着她到院子里坐坐,晒一晒太阳。他自己认为,吊再多的营养液,也得晒晒太阳,这样才能增强抵抗力和免疫力。

由于周贺华的精心照顾,母亲刘桂英瘫痪了4年,虽然一直卧床，但是从未生过褥疮，这难道不是个奇迹吗？

看着眼前这个已有三十五六岁的青年人，尽管已到了有些发福的年纪，但他却显得异常黑瘦，岁月的重担沉沉地压在了他的肩头，但他勇敢地挑了起来，而且步履稳健。这一切都是因为有大爱，都是因为心里永远装着亲人。

常言道：久病床前无孝子。然而周贺华却把这份孝义与责任发扬得更加光大。周贺华说过："没有爹娘就没有现在的自己。"这一句简单的话语渗透着他对母亲、父亲的爱与孝心。这就是孝亲，这就是大爱！

以让母亲幸福为己任

　　每个人都要有担当,都要有责任感,主人公樊雅婧就十分有责任感,她将妈妈的幸福视为自己的责任、自己的任务。让我们来听一听发生在樊雅婧身上的故事吧!

　　樊雅婧说过:"妈妈活多久,我就让她幸福多久。"这句话让人记忆犹新,终生难忘。

　　樊雅婧出生在江西省余干县信丰乡,在她小学二年级的时候,父亲和母亲离异了,她受到了严重的打击。此后,她随母亲与继父组建了新的家庭,但生活十分艰辛。

　　2011年4月的一天,母亲突然昏倒在地,继父急忙将母亲送往医院,后经过医生诊断,被确诊为脑出血。医生还说,基本上是没有希望了,即使奇迹出现,也只能保住生命,并不能治好病,一辈子只能当植物人了。

　　面对昂贵的医院治疗费,继父默默地离开了母亲,原本坚持治疗的舅舅也失去了信心。樊雅婧悲痛欲绝,整日在母亲床头哭泣,无法自拔。

　　终于,樊雅婧鼓起勇气,擦干眼泪,坚强地面对这个事实。她寸步不离地守在床前,紧握住母亲冰凉的手,不停地呼唤着:"妈妈,你真的忍心抛下我吗?妈妈,你快醒醒,女儿好想跟你说说话……"她在床前不停呼唤,期待着奇迹发生,期待着妈妈醒来。

　　工夫不负有心人,母亲似乎听到了她的呼唤。突然有一天,樊

孝

雅婧感觉到了母亲的手指动了一小下,她欣喜若狂,飞奔出去叫医生。医生来了,经过诊断,医生用不敢相信的语气告诉樊雅婧:"奇迹真的发生了!你母亲真的被唤醒了!"樊雅婧十分高兴,激动的泪水流了下来。之后一个月,母亲脱离了生命危险,可是左半身仍不能动弹,所以樊雅婧把母亲送回了江西余干县信丰乡的舅舅家,由舅舅来照顾母亲。

　　樊雅婧原本想象着:母亲正在接受理疗,生活十分舒适。但是当她放假之后,去舅舅家看母亲的时候,却发现,母亲整个身体都浸在尿里,背上多处出现了褥疮。樊雅婧的母亲平时特别爱干净,即使是干农活,也要打扮得整整齐齐、干干净净的。樊雅婧看着母亲一脸痛苦却无法言语的样子,心中像刀割一样痛。她心里知道,此时的母亲内心一定比身体还难受。她含着泪水、咬着牙,换掉

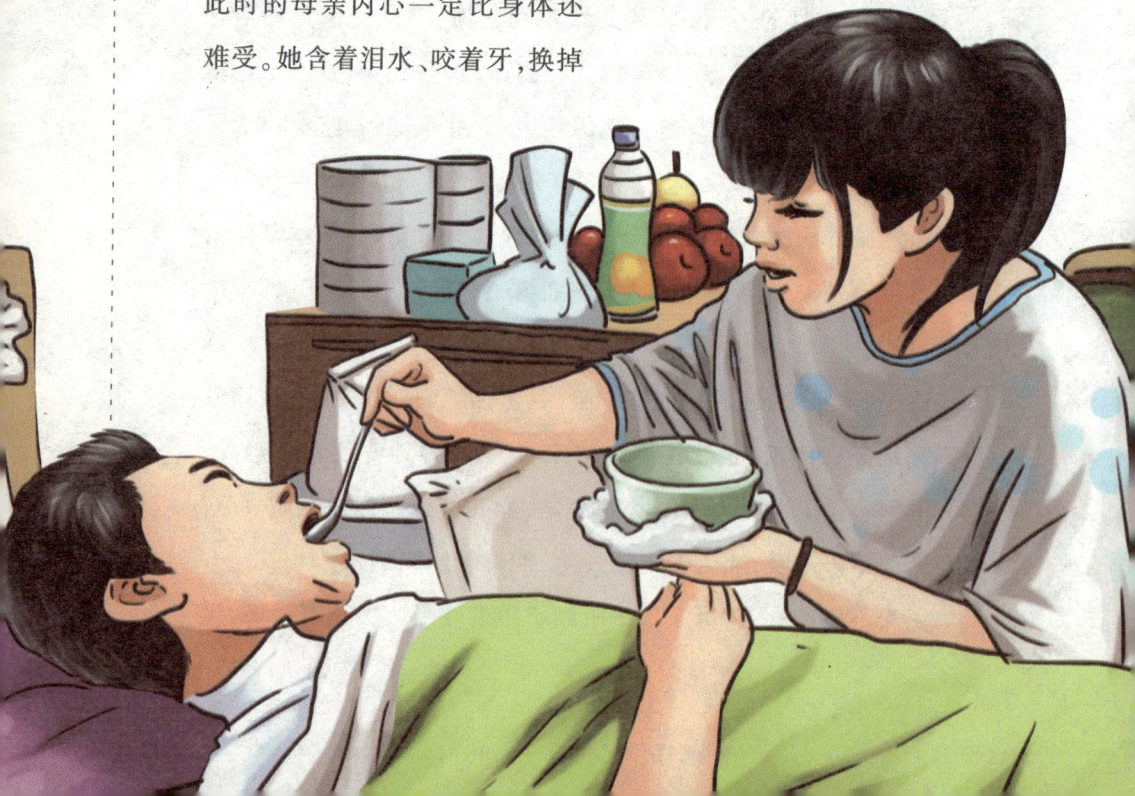

了肮脏的床单,给行动不便的母亲洗澡,并帮她换上干净的衣服。母亲在这个时候,才勉强露出一丝微笑,一丝欣慰的笑容。经历这件事以后,樊雅婧并没有责怪舅舅,因为她明白,舅舅也十分辛苦,既要上班,又要干家务活,还要照顾一大家子人和行动不便的母亲,怎么也忙不过来呀!

　　樊雅婧意识到,只有自己来照顾母亲,才能让母亲每天干干净净、开开心心、快快乐乐地生活。于是,她果断地决定将母亲带到她上学的地方——湖北省黄石市,开始了一边上学读书,一边照顾母亲的生活。樊雅婧要让母亲过上即使瘫痪在床,也要活得开心、活得有尊严的快乐生活。

　　7月15日,樊雅婧推着坐在轮椅上的母亲,从江西的舅舅家回到了现就读的美术学院的校园。之后,又在校园外租了一间民房让母亲住了下来。由于长途劳累,樊雅婧的母亲再度发病,樊雅婧很是着急,急忙凑了1万多块钱,将母亲送往黄石中心医院急救。樊雅婧弱小的肩膀早已背负着已过万元的债款,但她没有一点畏惧、退缩,就算砸锅卖铁也要将母亲的病治好,她还打算带着母亲完成最后的学业。

　　母亲住院后,樊雅婧更加辛苦了。每天早上6点多,樊雅婧就要为生病的母亲做按摩,按摩母亲麻木的左手臂、腰身、大腿、小腿等部位,之后再给母亲穿衣服、洗漱,然后再把母亲抱到轮椅上坐好,推她到病房外面的院子里呼吸新鲜空气。当推母亲散步回来之后,樊雅婧顾不上休息,就急忙去买早餐,然后再一勺一勺地把稀饭喂给母亲吃。到了8点,护士过来给母亲打针。打完针,樊雅婧才去学校。周末,樊雅婧抽空洗晾好衣服,就寸步不离地守在病床前母亲身旁。如果母亲睡着了,樊雅婧就得盯着母亲,怕母亲的手乱动。因为母亲每天要打很多吊瓶,手容易受到压迫而水肿。不仅如此,樊雅婧每天还要完成一项艰巨的任务——由于生病之后,母亲长期便秘,又不能用劲,她只好帮母亲把大便抠出来,以免导致其他疾病。

到了中午 12 点多,樊雅婧安顿好病房里的母亲,才匆匆赶往黄石三中,因为她身为实习老师,要指导美术生画画。两个小时之后,樊雅婧下课回到医院,一刻也不休息,又推着母亲去做理疗。吃完晚饭,再赶回学校,一直忙到晚上 11 点多以后,才回到医院看母亲。等母亲睡着了之后,她才开始备课、看书,直到深夜 2 点,她才睡觉休息。在其他事情之余,她还要准备学校的毕业论文,做一些兼职来偿还母亲的医疗费和欠下的钱。

在母亲做康复治疗的第一天,樊雅婧就在微博里说道:"我想,无论换了谁,都会亲力亲为的。接下来的时间或许很长,可是我并不在乎,因为至少还可以看着妈妈开心、有尊严地活着就够了。不管以后的路有多艰辛,活好当下就不会有遗憾。"这微小的一句话,却感动着无数人。

在病中的母亲心理情绪波动十分大,樊雅婧就像逗小孩子一样,用幽默的话语逗母亲开心。在她打扫病房的时候,总会将衣服、食品和医疗器械等摆放整齐,还会在桌上插上一两朵鲜花,病房里完全闻不到一般病房里常有的那种难闻的气味。这一切都是因为想让母亲乐观一些,早日恢复健康。

樊雅婧在微博上留言:"看到病床上消瘦的妈妈,静静地看着她,只想记住妈妈的样子,记住她那看不腻的脸颊。""妈妈今天竟然能走两步了,我们都会陪着你,陪着你幸福地走下去。""妈妈要幸福哦,因为看到你幸福就是我最大的幸福!"这些包含真情的朴实话语,感动了万千群众,让人不禁感慨:樊雅婧只靠一双稚嫩的手和单薄的肩,就让瘫痪在床的母亲活得如此快乐、开心、幸福,樊雅婧和她的母亲也应该是全天下最幸福的母女了吧!

樊雅婧母女的事情感动了她班上的同学,同时也触动了默默离开的继父。同学们都自发地抽空来到医院,给她打下手,聊天解闷。继父也回心转意,主动来到黄石找到了樊雅婧。

稍微清闲了一点的樊雅婧并没有这样闲着,她又想着做一些兼职来赚钱,给母亲买新衣服,让母亲高兴。

樊雅婧有一个美好的梦想——开一家服装店,在店里面配上自己画的画,和母亲一起经营这家服装店。让母亲一直幸福地活下去,让母亲看见自己有了成功的事业和美满的家庭,让母亲永远幸福!

这就是湖北师范学院一名普通的大四学生——樊雅婧。一个羸弱女孩,在得知母亲身患重病而无人照顾之后,辗转千里将母亲从江西老家用轮椅推到黄石自己身边,一边读书一边为母亲治病、照顾母亲,成为母亲最坚强的后盾。

樊雅婧用爱唤醒了母亲,缔造了生命的奇迹,让瘫痪的母亲活得有尊严、幸福快乐。

最美的迎春花

同安大同街道东山社区叶家儿媳颜迎春孝亲敬老的事迹成了当地的美谈。她的公公叶老先生逢人就说:"要不是儿媳,我早就没命了。迎春曾因此荣获全国"中华孝亲敬老之星"称号,入选"中国好人榜"。可她却说:"我只是尽一个媳妇的本分。"如今,迎春还是每天下地、种菜、打零工、料理家务、照顾公公和孩子。

11年前,24岁的颜迎春从同安五显镇嫁到大同街道东山村叶福到家。一进门,她就蒙了:丈夫是家中的独子,为生计不得不到外面打工。公公患脑瘤看不清东西,生活几乎不能自理,身体每况愈下。面对一贫如洗的家庭,新婚期未过,颜迎春就匆匆换下新娘装。

为了让公公尽快恢复健康,她每天挖空心思弄些好吃又滋补的菜肴,一有空闲,就陪公公聊天。不久,村里人发现,老人的脸色红润了,穿着整洁了,笑容多了,家里也被收拾得很整齐。

2000年1月,随着孩子的降生,颜迎春更忙了。尽管日子过得不富足,但一家人其乐融融,村里人都羡慕说,叶家好福气,娶了个好媳妇。

2004年12月31日,公公晕倒进了医院,颜迎春忙里忙外。经过十多天住院疗养,老人身体好多了,她却变得又黑又瘦。接下来的两年,公公先后6次住院。丈夫经常不在身边,孩子没人看管,颜迎春咬咬牙,把孩子暂寄亲戚家或送托儿所、邻居家,以便精心照顾公公。

"孩子还这么小,把他寄养在别人家,其实我心里像刀割一

样。"颜迎春说，但她当时就想着，怎么也要把公公先照顾好。

一再住院不见彻底好转，老人一度心灰意冷，为了不拖累儿子、媳妇，老人不打算接受治疗："我一直说不要看了，可是媳妇说，花多少钱也值得。"2007年6月1日，几经劝说，老人上了手术台。经过10小时手术，当医生宣布手术做得非常成功时，颜迎春再也忍不住了，眼泪"哗啦啦"地落下来。

就在手术前后最艰难的48天，"媳妇每天馒头就着白开水来打发三餐，一吃就是一个多月"。说到这里，老人忍不住掉眼泪。为了让公公尽快康复，颜迎春想方设法做滋补的东西给他吃。

不仅对待自家老人是这样，颜迎春对待左邻右舍的老人也是一样。2007年大伯父患有严重哮喘病，两次住进医院治疗，颜迎春就和堂兄堂嫂悉心照顾老人。邻居有个老妇人行动不便，儿子女儿都在上班，家里只剩老人和孙子。老人一有事需要帮忙，颜迎春总是面带笑容从不推辞。

如今，最困难的日子都过去了，颜迎春的笑容多了起来，人也胖多了。迎接她的将是幸福的生活。

12 岁少女——姚万琴感动中国

一个 12 岁的女孩，面对土炕上瘫痪的父母，她勇敢地用一副柔弱的肩膀独挑"养家"的重担，其先进事迹启迪了许多人，感动天、感动地。面对荣誉、鲜花、殊荣，她依然平静。听！这就是小万琴的心声："我是小时候受苦，长大后享福，尽管小时候我没有过上其他同龄人过的好日子，但你看我这么小就去北京领奖，多幸福啊！""阿姨，在北京领奖，在中央电视台做节目的时候，我都没有紧张！"简单的话语，体现更多的是一个 12 岁女孩的内心世界———真、善、美。

孝敬父母应从一碗饭一床被做起。回味过去的岁月，小万琴表现得很谦逊，她说："我只是做了我应该做的事情。"

9 岁就挑起洗衣做饭重担的小万琴由于长期的生活负担加上营养不良，比同龄孩子个子矮了许多。一脸稚气的小孝女，安静地坐在那里，认真地说道："我最大的愿望是将来当一名医生，用我的医术来医治像我母亲一样患有疾病的人，来报答社会上的所有好心人。""有很多的好心人帮助过我，在北京，他们给我捐了 6000 多元，可都不愿说出姓名，我将来也要做一个和他们一样的好人。我现在会用我的学习成绩来报答他们的！"

小万琴不仅懂事、勤快、孝顺老人，而且学习非常刻苦，成绩总是名列前茅。生活的压力使得这个原本该在大人身边撒娇的孩子有着与她的年龄不相符的成熟和稳重。她的每一句话中都体现出

她的懂事。

小万琴说，虽然我是爸爸妈妈的养女，为此也曾感到迷茫和难过，但这早已成为过去。"其实我还是挺幸福的，父母不但养大了我，还克服种种困难供我上学，已经很好了。无论何时我都会好好供养现在的父母。"

在全国"中华孝亲敬老楷模"35名提名获奖名单中，姚万琴是年龄最小的，同时也是获奖者中唯一一名到北京现场领奖的人。当日，七里河区政府拿出1000元奖励小万琴。一个普普通通的女孩，多年来精心侍候卧病在床的养父母，用拳拳真情对中华民族"尊老爱幼"的传统美德作出了最好的诠释，用汗水与泪水演绎了一段催人泪下的孝亲敬老的感人故事。

十余年"乐疗"91岁老母

乐声悠扬的小提琴,在西安周边的乡村并不多见。但周至县尚村镇西晋村91岁的李玉琴老太太却每天都能享听,乐手正是她的儿子陈撑位。老太太可能不知道,一场场演奏会的目的是儿子在为她做"音乐治疗"。

他叫陈撑位,是周至县九峰中学音乐教师。陈撑位"乐疗"母亲的孝心故事感动了许多人,很多人都称赞他为村里的头号孝子。"我也不知道大家为什么会这么关注,我只是做了我应该做的事而已。"陈撑位说。而他周围的人说,真正难得的是陈撑位这么多年的坚持。

"妈,家里来客人了。妈,你今天过得开不开心啊!"在陕西省周至县尚村镇西晋村,55岁的陈撑位走进家门大声地说。在夏日的阳光下,91岁的白发母亲坐在农家小院前晒太阳,听到儿子的话微微一笑。

陈撑位的母亲在79岁那年患上冠心病,有时心口剧痛喘不上气。除了日常用药,他为母亲拉小提琴,逗母亲开心,为母亲洗衣服,每天早上雷打不动陪母亲散步半个小时,甚至教母亲跳舞。"我母亲跳舞很有感觉呢,一辈子没跳过舞,三步四步,我一带她,她步子都能跟得上。"说起这,陈撑位的眼睛闪闪发亮。

12年前,陈撑位的母亲又患上了老年痴呆症,病得最厉害的时候连儿子都不认识了。在一个偶然的机会,陈撑位拉小提琴时发现老母亲对小提琴发出的声音很有兴趣。母亲前些年患病以后,他一般就跟母亲在一块儿欣赏音乐,有时候她就冲着陈撑位笑,有时候他还看见母亲给他拍手。于是一场延续 12 年,只为 1 个人演奏的音乐会开始了,91 岁高龄的老妈妈是唯一的听众。

陈撑位的小提琴是跟着当年周至县的一位老师学的,他认为自己从小热爱音乐是继承于大字不识的母亲的爱好,母亲喜欢听歌,陈撑位买了音响,放邓丽君的歌给她听,给她一句句讲歌词,有时候母亲听了会流泪。

一天又一天,陈撑位坚持用自己的方式来治疗母亲的老年痴呆症。十来年的时间,老母亲的病再也没有加重,反而慢慢有了好转,母亲苍老的脸上终于露出了笑容。虽身患冠心病、老年痴呆症、糖尿病,老人至今还能够自己下床活动、扫地,这让村民们感觉是个奇迹。"我不知道音乐能起多大的作用,只知道音乐很美好,这样能使她心情舒畅。"陈撑位说。

"乐疗"母亲的念头缘于去世的父亲。陈撑位的父亲生前患了抑郁症。一次他带父亲出去散步,看到含羞草一触即合的样子,一向严肃的父亲忽然笑了起来。这是陈撑位长久以来第一次看到父亲的笑,他明白了老人也需要美好的事物,需要欢乐。

自从母亲患了痴呆症、糖尿病以后,医生建议要让老人活动,适量地运动,他就每天带母亲去散步。这样时间长了,他也觉得单调。后来陈撑位就想:我家不是有音响吗?我看能不能把音响开开,开开以后,我带我妈跳舞。然后陈撑位就带母亲跳舞。跳舞的时候,就是陈撑位咋样走,母亲咋样走,根本就不存在教,他觉得这确实是个奇迹。

九峰中学校长张弘印象最深的有两件事：几年前单位组织去法门寺玩，允许带家属。绝大多数人带的都是配偶或孩子，陈老师却带了老母亲去。还有一次学校开运动会，陈老师也将母亲接了来，让母亲开心。"在人们忙于奔波的社会，这很难得。"张校长说。

因为母亲年高耳背，下班回到家，陈撑位经常对母亲用陕西话大声说："妈，你是世界上最好的妈妈！""妈，我是你最听话的娃！"母亲总会开心地笑起来。陈撑位说这是跟女儿学的。在外上学的女儿回家，搂着奶奶的脖子说"我爱你"，让奶奶十分开心。

陈撑位说："我相信赞美可以创造奇迹。这几年，我母亲患上了老年痴呆症，总忘事，我就赞美她，帮她回忆她以前是多么能干、多么了不起的一个妈妈。"

人老了有时会失禁，村里人常见陈撑位到水渠帮母亲洗弄脏的衣服，从不嫌弃。"人生最不幸的事在于子欲养而亲不在。"陈撑位说，"我有时候洗着洗着会很开心，觉得自己很幸福，因为我还可以给母亲洗衣服。""他孝顺得很，在我村上绝对是头一家！"邻居缐秀兰说，除了"乐疗"，平日里，给母亲洗衣、洗尿布的活儿，陈撑位也样样亲力亲为，村里人都很羡慕老太太的福气。

"我没大家说的那么好，对自己就是一般人标准，上不上报纸并不关心，做好子女该做的就行了。"陈撑位说，父母不容易，父亲去世前是皮匠，常在夜里割皮子，他睡前，看到的是父亲割皮子的身影，醒来，还是。父亲去世后，母亲辛苦带大5个子女，现在母亲老了，子女们唯一做的就是尽孝。

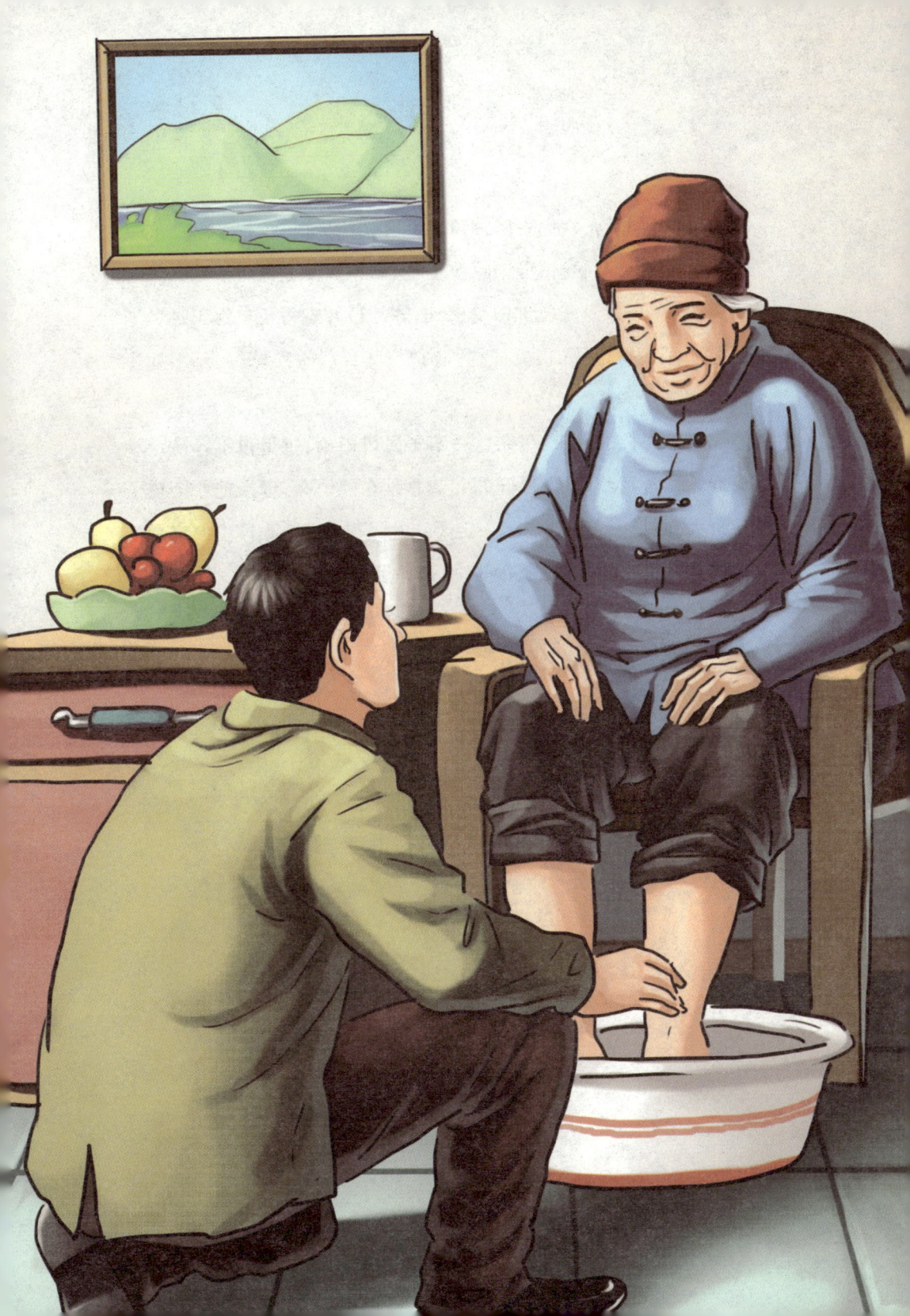

一次，同事张晓虎去陈撑位家做客，看见陈撑位把苹果削成一片一片的给母亲吃，怕母亲吃快了噎着。很少见到对母亲这么细心的人。这一场景令张晓虎深受感动，陈撑位却觉得再自然不过，"老了就小了，对待老人得更仔细些"，"与其身后吹吹打打，还不如生前对她更好一些"。

在陈撑位的心中，母亲这一辈子风风雨雨，过得很不容易。小时候曾做过童养媳，做皮匠的父亲总是在外忙碌，母亲把5个孩子拉扯大，吃尽了苦。到老了一定要让她过得幸福！陈撑位的家是低矮的平房，在村里不是最新的，但是那里的欢乐却是最多的！

田世国——深深"反哺"情

我们都说世上最伟大、最无私的爱是母爱,在颂扬母爱的诗句中,唐朝诗人孟郊的《游子吟》非常有名。其中的原因可能不仅是因为这首诗用非常朴素的语言把母爱表达得生动传神、淋漓尽致,而且它提出了一个非常耐人寻味的问题,"谁言寸草心,报得三春晖"。这个已经被问了千百年的问题,一个儿子用行动做出了自己的回答。

2004 年 9 月 30 日,上海复旦大学附属中山医院给一对母子做了一个非常特殊的手术:医生先从年仅 38 岁的儿子身上摘取一个鲜活的肾脏,然后移植到身患绝症、年过花甲的母亲体内。

这个令人称颂的孝子叫田世国,是广州国政律师事务所的一名律师。在母亲身患尿毒症而痛不欲生的关键时刻,他毅然决定捐肾救母。

2004 年 3 月 26 日,田世国接完弟弟打来的电话后,顿时脸色大变,山东壮汉田世国险些被一下击倒。在妻子的追问下,他才声音颤抖地说:"妈被确诊为尿毒症,已经到了晚期!"当天晚上,田世国就往枣庄赶。下车后,他直奔医院。就在他推开血液透析室门的那一瞬间,他被眼前的一幕惊呆了:母亲躺在白色的病床上,手臂上插着粗大的导管……田世国踉跄着扑到母亲的病床前,哽咽着说:"妈,我回家看您来了!"

田世国从透析室出来后,立即奔向泌尿外科主任朱同玉教授的办公室。朱教授说："尿毒症患者的治疗方法主要靠血液透析或换肾来维持生命，虽然肾移植可以使病人像正常人一样生活，但不仅费用昂贵，而且肾源不好找。特别是像刘玉环这样已经年过花甲的老人，肾移植手术的风险更大。"

田世国回到广州后，立即到各大医院联系肾源，还把配型资料在各大医学网站上发布。然而两个多月过去了，一直没有找到肾源。一天深夜，田世国沉默了好长一段时间后对妻子说："肾源很难找了，但妈的病不能再拖了……所以我想和你商量个事！"说完，他指了指自己的腰部。田世国的妻子是一名新闻记者，到广州后一直没有找到合适的工作，后来又生了一个女儿，所以就成了全职家庭主妇，家里的经济来源全靠田世国。听说丈夫要捐肾救母，刘华的泪水像断了线的珠子往下掉："这么大的一个手术，万一有个什么闪失，我们一家人以后怎么过？"岳父母听说女婿要捐肾救母，内心深受震动，两位老人说："亲家母已经到了生死关头，世国作为儿子承受着很大的心理压力，他是好样的，这样的孝子天下难找，我们支持他的壮举。"

随后，田世国回到枣庄后把弟妹召集到了一起。弟弟田世凯说："妈妈操劳了一辈子，我们不能眼睁睁地看着她走，只要能治好咱妈的病，就让我来捐肾吧。"妹妹田晓致已经有了9个多月的身孕，虽然眼下分娩在即，她也跟着说："我和二哥想的一样，咱妈的命就是我的命，我也愿意捐！"田世国接过话头，说："晓致就要生孩子了，在捐肾的位置上就做个最后替补吧，我和世凯来当主力，如果我和世凯都适合捐肾，那就由我来捐。"田世凯打断他的话，说：

"大哥的事业刚有个头绪,无论如何不能分心,捐肾的事就由我来担当!"田世国连连摆手:"还是我说了算,谁的合适由谁捐,如果都合适就由我捐,就这么定了。"

就在田家兄妹争相捐肾的同时,刘玉环身体不断恶化。2004年8月底,田世国选定上海复旦大学附属中山医院给母亲做手术。联系好这些事情后,田世国让弟妹尽快去上海做配型检查,他则先去广州筹钱。临上车时,他叮嘱弟妹:"一定不能让妈知道,否则她是不会让我们这么做的。"

田世国的母亲血型是 O 型,配型非常难成功。经检查,田世凯患有心脏病,不适合捐肾。生了孩子才坐完月子的田晓致不顾家人的阻拦,紧接着到上海偷偷配型。检查的结果是:她和母亲的肾比较相配,可以捐肾。而田世国的配型结果也在他的意料之中,他的肾脏和母亲配型成功。泌尿外科主任朱同玉教授特别告诉田世国:"捐一个肾脏虽然对今后的日常生活不会产生太大影响,可是一旦唯一的肾脏受到损害就危及生命。并且捐一个肾脏今后的生活将比正常人多增加一些风险。"所以让田世国慎重抉择。田世国坚定地说:"我一定要救母亲。我妈操劳一生,该享福的时候却患了重病,所以我一定要救她。反正我是从妈身体里出来的,给妈捐一个肾,就当是再回去了,物归原主……"

泌尿外科主任朱同玉教授从医 15 年,实施肾移植手术也不计其数,还是很少碰到晚辈给长辈捐肾的病例,他深有感触地对田世国说:"我从事肾移植手术多年,常见的活体肾移植主要是父母捐给孩子,而小辈捐肾给长辈的还是很少的,不仅我从没见过,就是

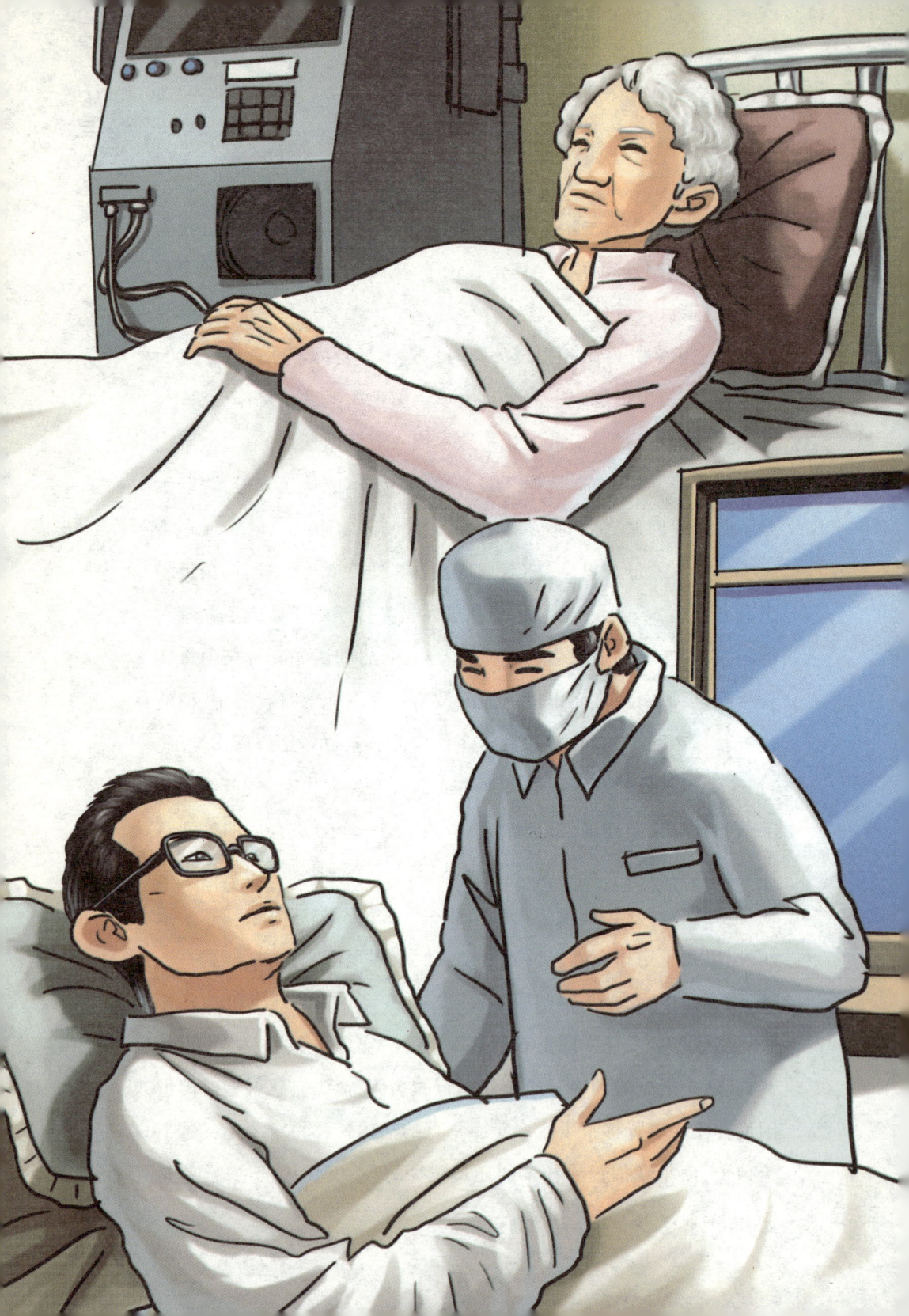

在国内也绝无仅有。你可是我见过的第一个,我一定会尽全力救治你母亲的!"

病入膏肓的刘玉环终于得知自己患的病是绝症,她把田世国召唤到病床前说:"听说世凯和晓致要捐肾给我,你们千万不能做糊涂事,我一个将死之人,无论如何不能连累你们。如果你们要捐肾,那我活着比死了还要痛苦!"田世国谎称:"我们兄妹 3 人的肾都不能配型,即使想捐也捐不成。"见儿子这样说,刘玉环这才放下心来。

一天下午,田世国正陪着母亲聊天时,他的手机突然响了起来,只见田世国拿起手机,说:"什么?找到肾源了?那太好了!"挂断电话后,田世国"兴奋"地对母亲说:"上海的朱教授说帮我们找到了肾源,让你马上去上海做手术!"刘玉环一直灰暗的眼神里立即闪烁着一种从未有过的光芒。田世国永远忘不了母亲的这个眼神,那是一个绝症患者对生命的极度渴望。田世国从母亲屋子出来后,立马把手机里显示的已接电话删除掉了。因为刚才所谓的朱教授来电话,其实是田世凯按照事先安排打的。兄弟俩精心编演的这出"双簧戏",使母亲信以为真。

田世国捐肾救母的壮举令医生们也深受感动。听说田世国捐肾必须瞒着母亲,院方及时调整床位,将田世国安排在 6 楼 25床,将刘玉环安排在 7 楼 32 床。看到医生对田世国进行各项例行体检,同一个病房的病友看出了端倪。于是,田世国把实情告诉了那些病友,并让他们一起保密。田世国考虑到自己捐完肾后,就不能出现在母亲身边了,为了让母亲配合手术,他又谎称有急事要

回广州。

　　终于，在 9 月 30 日早上 7 点，田世国首先被推进手术室，当手术单披在他的身上时，他感到了一阵前所未有的轻松，他对身边的护士说："我终于可以救我妈了，再过一会儿，我的肾就要在她的体内工作了。"母子俩一个在楼上一个在楼下，儿子的心牵挂着母亲的身体，母亲却不知道捐肾的人是儿子！

　　手术开始，朱同玉教授亲自操刀，十几名医护人员轮流上阵，他们一起展开了一场充满骨血真情的生命保卫战。这台母子换肾手术一直持续到下午 1 点 50 分结束，手术做得十分成功，刘玉环刚被推出手术室，儿子的肾便开始在她体内正常工作了。

　　手术后，田世国先母亲一步出院，回到枣庄老家休养。之后，换肾成功的刘玉环也回到枣庄老家，她的气色十分好，脸上的皮肤也不再干巴巴的，显得很有水分和滋润。老太太一进家门，就底气十足地说："想不到我又活着回来了！"

薛花龄——打理文明之家

古人有"惟孝顺父母,可以解忧"之语,意思是只有孝顺父母,才可以排解忧愁。现在薛花龄已经是 67 岁的老人了,她以自己的言行印证了孝顺美德。

住在东营市河口区新户镇太二村女教师薛花龄,身体偏瘦,有着一身病。自从离岗后,她便开始认认真真地伺候寿星老婆婆。

邻居对她的评价是"为人厚道,心地善良,勤劳能干,任劳任怨",她家家庭和睦,关系融洽,赢得了大家的称赞。她这个四世同堂的大家庭,曾获得全国、省、市、区、镇等各级表彰百余次。其中,1983 年被全国妇联授予"全国五好家庭"称号;1994 年,被山东省妇联授予"全省五好家庭"称号;1994 年,被市妇联评为"东营市十佳文明家庭";2003 年,被东营市五好家庭创建活动协调小组评为"全市文明进农家活动示范户";2010 年 10 月,薛花龄荣获"全国孝亲敬老"荣誉称号。这一块块奖牌和奖杯不知凝聚了薛花龄多少心血和汗水。

许多年来,薛花龄精心伺候两代人,照顾老婆婆 25 年,照顾公公、婆婆 40 多年。在以前,农村生活非常差,人人都省吃俭用。一次,学校中午做了肉汤一人一碗。薛花龄舍不得吃,带回家给 70 多岁的老婆婆吃,感动得她直掉眼泪。对老人的饮食起居,她无不放在心上,全方位考虑。夏天,她给婆婆洗脚擦背,晚上给老人放好蚊帐;冬季,她给老人添衣加被,被褥常拆常换常晒,棉衣准备薄、中、厚好几套。公公生重病期间，薛花龄心急如焚，想方设法投医问药，细心伺候，好言安慰，但无情的病魔还是夺去了公公的生命。公公去世后，为了缓解婆婆的悲痛，她和丈夫就搬到婆婆的炕上，昼夜陪伴在身边，拉呱儿聊天，细心劝慰，渐渐地使老人从悲伤的阴影中走出来。

由于多年相处融洽，婆婆对她也很好。每逢她生病、难受时，婆婆总是唉声叹气，睡不好、吃不好，碾着"三寸金莲"一趟趟来探望，关系好得像一对母女。老人常对人说："这么多年，亏着俺花龄了！""真没想到现在的生活会这样好，真是做梦也没有想到！"

20 世纪 80 年代，还是教师的薛花龄为了不耽误、影响工作，经常利用周末、中午休息时间，在烈日下到田里耕地，薛花龄用瘦弱的身躯撑起整个家。

现在，她已经年过花甲，因为以前经常劳动，身体很不好，但是看到上了年纪的婆婆，她常常不顾病痛照顾老人。让老人安度晚年是她最大的心愿，她常说："谁家都有老人，人人都会变老，老人一辈子辛劳，年纪大了更应该享受幸福，孝顺老人是晚辈们应尽的义务。"